■ 평강의 주께서
친히 때마다 일마다
평강을 주시기를 기도하며
특별히
이 소중한 책을 드립니다 ■

　　　　　님께

# 기대치 못한 은혜

데이빗 위어첸 지음 | 박동환 옮김

www.nabook.net

**UNEXPECTED GRACE**
*How God Brings Meaning Out of Our Failures*

by David B. Wyrtzen

Published by DISCOVERY HOUSE PUBLISHERS

ISBN 0-929239-61-X

Translated and Published by Permission
이 책은 저자 혹은 출판사의 허락을 받아 번역·출판합니다.

# 목차

서문     7

## 제1부 ▎성 장 기 ▎

01 어린 시절의 유산     13

02 십대의 꿈     39

03 살인적인 질투심     51

## 제2부 ▎인 생 의   구 렁 텅 이 ▎

04 창기, 그리고 약속     65

05 주인의 아내     81

06 나를 잊은 무심한 친구     99

## 제3부 ▎보 좌   위 의   삶 ▎

07 죄수가 총리대신이 되다     117

08 죄책감     137

09 시험     153

10 가족의 재회     177

11 할아버지의 선물     193

12 아버지의 약속     211

맺음말     229
참고문헌     238

# 서문

20여 년 동안 여러 사람들과 하나님에 대한 이야기를 나누면서 깨닫게 된 것이 있다. 바로 한 가지 심각한 오해 때문에 하나님에 대한 우리의 생각이 왜곡되어 있다는 사실이다. 우리는 대부분 하나님을 말씀에 순종하는 선한 자녀들은 기쁘게 영접하시지만, 반항적인 문제아들은 배척하시는 분으로 생각한다. 재고의 여지도 없이 아주 당연하게 그렇게 생각한다. 하나님께서 '요셉과 같이' 고분고분한 사람들에게는 박수갈채를 보내시고, '유다와 같이' 완고한 사람들은 싫어하신다고 믿는다. 그래서 자신을 유다와 같다고 여기는 사람들은 자신이 하나님께 버림받았다고 생각하고 아예 불신앙의 세계에 빠져들어 가기도 한다. 그들의 부모는 자신이 지켜온 신앙을 자녀들이 거부하는 것을 지켜보면서 절망에 빠진다. 자신이 무엇을 잘못해서 사랑하는 자녀들이 신앙을 버리고 악을 향해 치닫는지 한탄을 하기도 한다.

특히 설교자가 외치는 메시지와 친구들의 말은 그 부모들의 죄책감을 더욱 무겁게 만든다. "당신 자녀를 향한 하나님의 계획이 어긋나버렸습니다. 이제는 기껏해야 2등급의 인생을 살 수 있을 뿐입니다." "분명히 자녀 양육 방법에 뭔가 문제가 있어서 네 자녀들이 그렇게 어긋난 거야." 등등.
이러한 비판적인 태도로는 하나님께서 탕자의 인생을 통해 가르치신 **'하나님 은혜의 비밀'**을 도저히 깨달을 수 없다.

유다의 이야기는 우리가 일반적으로 갖고 있는 위와 같은 생각들을 재고해보라는 도전을 준다. 더 나아가 사랑의 하나님께서는 자신을 거역하는 사람들까지도 선택해서 인도하신다는 놀라운 진리를 제시하고 있다.
유다의 동생 요셉에 대한 이야기는 하나님께서 선행에 대해 보상하시고 선한 사람들은 험악한 일을 당하지 않는다고 믿는 우리의 생각이 얼마나 잘못되고 경박한 것인지를 잘 보여준다.
요셉은 17세 때까지 아버지의 사랑을 독차지한 아들이었다. 장자도 아닌 그에게 상속자임을 나타내는 채색옷을 입힐 정도로 아버지 야곱은 그를 편애했다. 그래서 요셉은 안락한 삶을 기대할 수 있었다. 모든 것이 다 보장된 셈이나 다름없었다. 그런데 확실해 보였던 그 앞길이 틀어지기 시작했다. 형들이 그를 종으로 팔아버렸기 때문이다. 설상가상으로 욕망을 채우지 못한 부도덕한 여인이 그에게 누명을 씌워버렸다. 결국 그는 부도덕한 짓을 저질렀다는 누명을 쓰고 애굽의 감옥에서 20년의 세월을 보내야 했다. 도덕적으로 깨끗한 삶을 살려고 애썼던 사람에게 돌아온 대가가 바로 억울한 감옥살이였다!

그러면 대체 왜 의로우신 창조주 하나님께서는 주일학교에서 가르치는 것처럼 빈틈없이 세상을 다스리지 않으시는 것일까? 선한 사람들에게 나쁜 일이 벌어질 때, 우리는 하나님이 악마처럼 느껴지기도 하고, 사악한 세력에 대항할 수 없는 무능력한 존재인 것처럼 느껴지기도 한다. 그러나 여기서 우리의 신앙이 딜레마에 빠지기 전에 요셉의 결말이 어떠했는지 생각해볼 필요가 있다.

창세기 37장에서 50장에 걸쳐 있는 요셉과 유다 두 형제의 이야기를 살펴보면, 놀라운 사실을 발견할 수 있다. 그것은 바로 궁극적인 저자이신 하나님께서 자신이 계획하신 구속의 장엄한 드라마를 연출하실 때 순종하는 자녀뿐 아니라 반항하는 자녀도 포함시키기로 선택하셨다는 사실이다. 그 드라마의 최종적인 결말에 이르렀을 때, 우리는 시기, 잔인함, 부도덕, 불의를 모두 극복하는 은혜의 능력을 목격하게 된다. 우리의 삶 가운데 있는 구렁텅이가 바로 보좌로 나아가는 지름길이 될 수도 있다는 것이다.

만일 당신이 과거의 덫에 걸려 있거나 현재의 실망스러운 상황 때문에 낙심한 상태라면, 혹은 당신이 처한 환경이 좋지 않아서 하나님께서 과연 당신과 함께 계시는지 의심이 솟구쳐 오른다면, 혹은 당신이 너무 많은 실수를 저질러서, 아니면 당신이 빠진 '구덩이'가 너무 깊어서 하나님도 당신을 건져낼 수 없다는 생각이 든다면, 이 책은 당신에게 반드시 필요한 책이다. 요셉과 유다를 연구하면서 하나님에 대해 품어왔던 생각들이 많이 흔들렸지만, 주님이 깨닫게 해주신 진리가 혼잡한 삶 속에 숨겨 있는 참된 의미를 나에게 전해주었다.

5살 난 어린아이용 성경책에 나오는 요셉의 이야기가 전부일 거라고 생각한다면, 주일학교에서는 결코 만나볼 수 없었던 유다와 요셉 이야기의 세계로 함께 들어가보자. 그 이야기가 증거하는 바를 통해 당신은 구덩이에서 보좌로 인도하시는 놀라운 '은혜의 순간'을 맛볼 수 있을 것이다.

'프라임 타임 라이브'(Prime Time Live)나 '식스티 미니츠'(Sixty minutes) 같은 프로그램처럼, 이 책은 인터뷰로 시작된다. 구약성경 가운데 가장 역기능적인 가정 안에서 살았던 20여 년의 삶에 대해 요셉과 유다가 하는 말에 귀를 기울여보라.

제1부
성장기
Growing Up Together

# 01 어린 시절의 유산

**역기능(dysfunction).** 이 단어는 문제가 있는 가정을 표현하는 심리학적인 용어로, 1990년대부터 사용되기 시작했다. 상담자들은 역기능 가정의 문제들을 해결하기 위해 우리를 어린 시절로 되돌아가게 만든다. 안전하게 잘 양육하지 못한 부모들에게서 고통이나 학대를 받았던 기억을 되살려서 문제의 근본적인 원인을 찾아내고 이를 해결함으로써 치료를 행하는 것이다. 이러한 시도가 과거의 진실에 직면하게 해준다는 점에서는 찬성할 만하다. 병적인 행동을 감싸고 있는 가면과 그런 행동을 지속하게 만드는 속임수들은 마땅히 제거되어야 한다. 하나님께서는 그런 가면과 속임수 뒤에 숨어 있는 우리를 불러내신다. 그리고 우리 자신과 다른 사람들에 대한 진실을 보게 하신다.

그러나 정말 핵심적인 진리는 죄가 바로 역기능적이라는 사실이다. 죄는 항상 신뢰와 사랑, 존경을 향해 나가는 길을 방해한다. 또 우리는 모두 죄를 지었기 때문에 가정이나 개인의 삶 속에서 역기능적인 반응을 한다. 우리에게 내재되어 있는 이 무시무시한 사실에 직면할 때, 과연 어느 누가 도덕적인 잘못으로 인해 뒤틀어진 과거와 현재의 상황을 이해하려고 하겠는가?

창세기 25-36장에 기록된 요셉과 유다의 가족 이야기는 역기능적인 가정에서 성장했지만 정신병원에서 치료를 받은 것이 아니라 하나님과 친밀한 교제를 누리는 삶을 살았던 두 소년을 소개하고 있다. 부정적인 것이든 혹은 긍정적인 것이든, 요셉과 유다의 삶을 형성한 어린 시절의 유산은 무엇인가? 창세기는 이 질문에 대해 아주 실제적이지만, 구속사적인 답변을 제시해준다.

## 어린 시절의 유산

구약 시대에 살았던 이 두 사람을 현재로 불러와서 상담자에게 상담을 받게 한다고 상상해보자. 상담자는 현대의 상담방식에 따라 그들 가족의 과거사를 이루고 있는 요소들을 짜 맞추려고 할 것이다.

상담실에 들어온 유다와 요셉이 빙 둘러 있는 안락한 소파에 몸을 던진다. 그들의 외모가 너무 달랐기 때문에 그들이 친형제라는 사실이 믿어지지 않는다. 요셉이 입고 있는 애굽인들의 하얀색 세마포 옷과 깨끗하게 깎은 수염, 귀족적인 자태는 그가 셈족이라는 사실을 믿을 수 없게 만든다.[1] 유다는 덥수룩한 수염에 머리카락도 길고, 직접 만든 양털 옷을 입고 있다.[2] 그 모습을 통해서 그가 이스라엘의 목자라는 사실을 쉽게 알 수 있다. 각자 자신을 소개하고 인사를 나눈 후에 인터뷰가 시작된다.[3]

**상담자:** 당신 두 사람의 신상명세서를 보니 아버지는 같은데 어머니는 다르군요. 차이점 말고 공통된 부분부터 시작하도록 할까요? 요셉 씨, 당신의 아버지가 어떠한 분인지 제게 말씀해주실 수 있겠습니까?

**요 셉:** 젊었을 때의 아버지는 사기꾼 기질이 있는 사람이었던 것으로 기억합니다. 아버지의 이름은 '야곱'인데, 히브리 말로 '발뒤꿈치를 잡는 사람'이라는 뜻이죠. 어린 시절에 했던 장난 가

---

[1] George Steindorff and Keith C. Seels, *When Egypt Ruled the East*, 48.
[2] Ibid., 464.
[3] 다음 인터뷰 내용은 창세기 25-36장에 있는 내용을 바탕으로 재구성한 것이다.

운데 앞에서 걸어가고 있는 아이를 넘어뜨리려고 뒤에서 그 아이의 발을 걷어차는 장난을 기억하시나요? 아버지가 바로 그런 일엔 천재적인 분이셨죠!

아버지는 큰아버지인 에서가 사냥터에서 돌아와 허기진 상태였을 때, 큰아버지를 정말 보기 좋게 걸려 넘어지게 만들었습니다. 그때 아버지는 팥죽을 쑤고 있었는데, 몹시 배고팠던 큰아버지 에서가 그것을 달라고 아버지에게 애원했습니다. "그럼, 형님! 우리 거래를 합시다." 아버지는 재빨리 이렇게 말했죠. "팥죽 한 그릇을 줄 테니 장자의 명분을 내게 넘겨주세요!" 자신에게 유리하게 각본을 짜 놓은 것처럼 거래를 유도해가는 아버지의 모습이 눈에 훤히 보이는 듯합니다. 큰아버지 에서는 하나님의 약속보다 팥죽 한 그릇이 더 다급했기 때문에 이 불공평한 거래에 말려들었지요.

아버지는 이 거래를 통해 받기로 한 장자의 명분을 확실하게 손에 넣기 위해 큰아버지의 모습으로 변장을 하고 할아버지를 속여서 장자의 축복을 받아냈습니다. 이 사실을 알게 된 큰아버지는 화가 머리끝까지 치밀어 올랐습니다. (큰아버지 에서의 팔에 털이 많았기 때문에 아버지는 염소새끼 가죽으로 팔을 감싸서 큰아버지인 것처럼 변장했죠. 그리고 큰아버지의 옷을 입어서 그의 채취가 풍기게 했구요. 그래서 137세 된 할아버지를 속이고 장자가 받을 축복을 받아내는데 성공했죠.) 아버지는 간신히 도망쳐서 목숨을 건질 수 있었습니다. 외삼촌 라반이 800킬로미터나 떨어진 하란에 살고 있었는데, 큰아버지의 분노가 가라앉을 때까지 아버지는 그 곳에 머물렀습니다. 그래서 우리는 하란에서 태어나 유년시절을 그 곳에서 보내게 된 것입니다. 아버지는 원래 잠시만 그 곳에 머물려고 생각했습니다. 그런데 실제로 20년이란 세월을 그 곳에서 보내고 말았습니다. 그것도 고된 일을 죽어라고 하면서 말입니다.

**상담자:** 당신들 두 사람은 모두 아버지가 외삼촌 라반을 위해 일하고 있던 그 당시에 태어나 성장했군요. 그것도 먼 타지에서 말이죠. 유다 씨, 하란에서의 생활 가운데 기억에 남는 것이 있나요?

**유 다:** 하란에서 아버지의 삶은 요셉의 어머니 라헬을 보고 첫눈에 반한 사건부터 시작됩니다. 아버지는 하란에 도착한 날 제일 먼저 라헬을 만났지요. 외할아버지 라반의 작은딸 라헬은 외할아버지의 양 떼를 돌보는 책임을 맡고 있었습니다. 아버지를 만난 그날도 평상시처럼 양 떼에게 물을 먹이러 우물로 갔습니다. 라헬의 미모에 반한 아버지는 우물가로 가서 우물을 막고 있던 돌을 한 손으로 젖혀버리고는 양 떼에게 물을 먹였

습니다. 아버지가 자신의 조카임을 알게 된 외할아버지 라반은 아버지를 반갑게 맞아주었습니다. 그래서 아버지는 한 달 동안 외할아버지의 환대를 받으며 즐겁게 지낼 수 있었습니다.

(이 때 의자에 앉아 있던 요셉이 몸을 앞으로 굽히고는 유다의 다리 위에 손을 얹었다. 그 다음 이어지는 설명은 자신이 할 차례라는 신호를 보낸 것이다.)

요 셉: 유다 형, 형은 아버지의 신혼 첫날밤에 대해서는 이야기할 수 있지만, 그 전의 이야기는 잘 모르잖아. 나는 아버지가 우리 어머니와 결혼하기 위해 어떤 일을 했는지 그 내막을 자세히 알고 있어.

외할아버지 집에 머무는 동안 어머니 라헬을 향한 아버지의 사랑은 걷잡을 수 없을 정도로 커졌습니다. 외할아버지가 그들의 눈동자에 피어오르는 사랑의 불길을 알아채지 못할 리 없었죠. 외할아버지가 아버지에게 품삯을 어떻게 지불해 줄지 물어왔을 때, 아버지는 아마도 사랑에 눈이 멀어 있었나 봅니다. 아버지는 자신에게 딸을 준다면 7년 동안 외할아버지를 위해서 일하겠다고 불쑥 말을 내뱉었죠. 그래서 7년 동안 외할아버지는 아버지의 양치는 솜씨 덕분에 많은 이익을 챙길 수 있었습니다. 그러다가 기한이 다 차서 결혼식 날이 정해졌고, 잔치가 벌어지게 되었습니다.

유 다: 결혼식 날 밤 이야기는 내가 하겠다고 약속한 것을 잊지 말아라.

요 셉: 물론이지. 하지만 누구의 어머니가 더 아름다웠는지 꼭 말해야 해.

(유다는 이 말을 듣고 얼굴을 찌푸렸다.)

유 다: 아시다시피 외할아버지에게는 큰딸이 있었습니다. 나의 어머니 레아인데, 외모는 작은어머니 라헬과 많이 닮았지만, 동방 사람들이 여인들을 고를 때 선호하는 짙고 이국적인 분위기를 풍기는 초롱초롱한 눈빛을 지니지는 못했습니다. 잔칫날 밤이 깊어졌고, 드디어 외할아버지가 딸을 신방으로 보내야 할 때가 가까워졌습니다. 외할아버지는 베일로 첫째 딸의 얼굴을 가리고 긴 옷을 입게 한 다음, 잔뜩 들뜬 상태로 기다리고 있는 신랑에게 보냈습니다. 밤도 깊어서 어두웠고, 베일로 얼굴을 가리고 있어서 아버지는 그런 사실을 알아채지 못했습니다. 게다가 그런 말도 안 되는 일이 일어날 줄 어느 누가 상상이나 했겠습니까? 결국 아버지는 자신이 사랑하는 라헬

대신 레아와 함께 신방에 들어가고 말았습니다.

서구적인 사고방식으로는 믿기 어렵겠지만, 여성들이 하나같이 얼굴을 가리고 다니는 동방 이슬람 사회의 풍습을 생각해 본다면 아마도 쉽게 이해할 수 있으리라 생각합니다. 아침이 되어 외할아버지가 자신을 속인 것을 알게 된 아버지는 화가 불같이 치밀었습니다.

외할아버지는 서둘러 자신의 행동에 대해 변명의 말을 늘어놓았습니다. 자신이 사는 곳에서는 작은딸이 큰딸보다 먼저 시집가는 법은 없다는 것이었죠. 만일 칠 년 동안 더 일해 준다면 라헬도 주겠다고 하면서, 그렇게만 한다면 모든 것이 순리대로 될 것이라고 했습니다. 아버지는 어쩔 수 없이 그렇게 하기로 했습니다. 외할아버지는 몹시 화가 나 있는 아버지의 마음을 달래기 위해 우리 어머니와의 혼례 주간이 끝나자마자 둘째 딸 라헬을 아버지에게 주었습니다. 그래서 아버지는 두 명의 신부를 취하게 되었죠.

그런 속내로 인해 요셉과 저는 한 아버지에 두 어머니가 있는 집안에서 성장하게 되었습니다. 아버지는 같지만 어머니가 서로 다른 이유를 이제 아시겠죠?

(상담자는 메모를 하면서 당황스러워하는 자신의 모습을 숨기려고 애썼다. 분명히 이것은 오늘날 핵가족 시대와는 전혀 다른 세계이다. 급증하는 이혼율 추세를 볼 때, 현대 사회의 많은 어린아이들은

이복형제, 자매, 또는 여러 명의 아버지, 어머니를 갖는 것이 어떤 것인지를 조금은 알고 있다. 하지만 그런 경우라 할지라도 남자가 동시에 두 명의 여자와 한 지붕 밑에서 살고 있는 경우는 없다.)

**상담자:** 요셉 씨, 그런 가정에서의 생활이 어떠했는지 말해주시겠습니까?

**요 셉:** 일부다처제는 우리가 성장했던 고대 근동 사회에서는 대체적으로 수용되었던 관습이었지만 본래 창조주의 뜻은 아니었습니다. 모세는 창세기 2장에서 하나님의 이상적인 가정의 모습을 그리고 있습니다. 한 남편에 한 아내지요! 하지만 하나님께서는 자신의 결혼 청사진을 그대로 따르지 않았다고 해서 저희 가정을 불살라버리지는 않으셨습니다. 어머니들 사이에 끊임없이 계속되는 시기와 알력을 보고서 나는 하나님의 원래 계획이 얼마나 사려 깊은 것이었는가를 절실하게 깨달았습니다. 아버지의 사랑을 얻기 위해 갈등하고 다투고, 또 많은 아들을 얻기 위해 경쟁하고 하는 통에 저희 가정은 산산조각이 나버렸습니다.

**유 다:** 우리 어머니는 아버지의 사랑을 받지는 못했지만 하나님께서 어머니의 곤경을 아시고 복을 주셔서 아들을 낳게 하셨습니다. 어머니는 요셉의 어머니가 임신하기 전에 아들을 네 명이

나 낳았죠. 어머니는 내가 세상에 태어났을 때 상당히 격양된 음성으로 '여호와를 찬양할지라!' 라고 소리치셨습니다. 제 이름의 뜻이 바로 그겁니다. '유다' 라는 히브리 말은 '여호와를 찬양하라!' 라는 말과 발음이 비슷하죠.

요 셉: 그래서 우리 어머니는 질투에 사로잡혔습니다. 어머니는 자신이 아이를 갖지 못하는 탓을 아버지에게 돌리려 했습니다. 하지만 큰어머니 레아가 아들을 이미 네 명이나 낳았기 때문에 아버지 탓으로 돌린다는 것은 말도 되지 않았죠. 어머니는 아이를 가질 수 있는 수단을 생각한 끝에 당시 고대사회에 통용되던 관습을 이용하려고 마음먹었습니다. 여종인 빌하를 첩으로 들이는 관습이었죠. 어머니는 자신의 여종을 아버지에게 첩으로 주었고, 그 첩이 낳은 자식을 자신의 법적인 자녀로 삼으려고 했습니다. 그래서 빌하는 아버지와 동침하여 어머니에게 두 명의 아들을 낳아주었습니다. 단과 납달리 형이 바로 그 아들들이죠.

유 다: 우리 어머니는 작은어머니 라헬이 첩을 이용해서 아들을 얻는 것을 보고 불안해졌습니다. 네 명의 아들을 얻은 후에 자신에게 더 이상 아이가 생기지 않을 것 같았기 때문입니다. 그래서 어머니도 자신의 여종 실바를 아버지에게 첩으로 주었습

니다. 내 동생인 갓과 아셀이 바로 그렇게 해서 태어났습니다. 어머니는 더 이상 자식을 낳을 수 없을 거라고 생각했지만, 실제로는 그렇지 않았습니다. 어머니는 그 이후에 잇사갈과 스불론과 여동생 디나를 낳았습니다.

요 셉: 하나님께서는 마침내 어머니를 불쌍히 여기셔서 어머니에게 아들을 주셨습니다. 그래서 제가 태어나게 되었죠. 어머니는 아들을 더 낳기를 기대하는 마음으로 제 이름을 '요셉'이라고 지었습니다. 제 이름의 뜻이 바로 '그가 더하시리라' 입니다. 몇 년 후에 하나님께서 어머니의 그 소망을 들어주셨습니다. 제 친동생인 베냐민을 주신 것입니다. 그래서 우리 가족은 한 가장에 두 명의 아내, 두 명의 첩, 12명의 아들, 한 명의 딸로 이루어지게 되었습니다.

상담자: 요셉 씨, 조금 전 대화를 나누던 중에 하란에서의 생활이 당신 아버지에게는 매우 고달픈 삶이었다고 말한 것 같은데요. 당신의 아버지가 외삼촌 라반 때문에 고생했다는 뜻인가요?

요 셉: 그 문제는 조심스럽게 말하지 않을 수 없습니다. 외할아버지 라반은 정말 남을 속여먹는 데 있어서는 당할 자가 없는 사람

이었습니다. 신부를 바꾼 것으로 끝나지 않았고, 아버지에게 줄 품삯도 이런 저런 핑계를 대며 계속 주지 않았습니다. 특히 아버지가 아내를 얻은 대가로 일했던 기간 동안에는 아버지를 사위라기보다는 종처럼 부려먹었습니다. 하지만 외할아버지의 계략에도 불구하고 아버지는 점점 더 부유해졌습니다. 아버지는 자신이 부유하게 된 이유를 하나님의 축복으로 돌렸습니다. "하나님께서 나와 함께하신다"라는 한 마디 말로 자신이 번창하게 된 원인을 설명했습니다.

외할아버지와 외삼촌들은 아버지가 점점 부유해지는 것 때문에 배가 아팠던 모양입니다. 그들은 아버지가 외할아버지를 등쳐먹어서 그렇게 번창하게 되었다고 생각했습니다. 외할아버지나 아버지 모두 물질에 눈이 멀어서 사실을 객관적으로 보지 못한 것이죠. 모두 다 자신의 이기심에 사로잡혀 상대편을 질시하고 미워했습니다. 외할아버지와 외삼촌들의 눈에서 아버지를 향한 분노의 빛이 이글거렸고 때마침 하나님의 명령도 있었기에, 아버지는 드디어 고향으로 돌아갈 때가 되었다고 확신했습니다.

나는 비록 일곱 살이었지만 그날의 일을 생생하게 기억합니다. 그날 외할아버지는 매년 봄마다 행하는 양털 깎는 일로 정신이 없었고, 아버지는 두 아내와 들에서 비밀회동을 가졌습니다. 곧 우리 가족은 짐을 꾸리고 약대들의 등에 짐을 싣고서 유프라테스 강을 건너 길르앗 산으로 길을 떠났습니다. 우리가 떠난 지 삼 일이 되어서야 외할아버지는 우리가 사라진 것을 알게 되었고, 사람들을 불러 모아서 급히 우리를 뒤쫓았습니다. (오늘날 대부분의 할아버지들은 손자들에게 아이스크림이나 사탕을 쥐어주려고 하지만, 우리 할아버지는 우리를 죽이려고 쫓아왔습니다!) 당시 나는 7살밖에 되지 않았기 때문에 힘으로 어른들을 당할 수는 없었습니다. 하란을 떠난 지 7일째 되던 날, 우리는 외할아버지의 무리가 우리를 덮치려고 다가오는 것을 보았습니다. 언제 죽임을 당하게 될지 몰라서 두려워하며 잠을 이루지 못한 채 꼬박 지새웠던 그날 밤을 평생 잊을 수 없을 겁니다. 다음날 아침 일찍 외할아버지가 우리 장막이 있는 곳으로 다가왔습니다.

"왜 그렇게 몰래 도망쳤느냐? 고향으로 돌아가 가족들을 만나고 싶다고 왜 내게 말하지 않았느냐? 그랬다면 잔치를 크게 벌여주었을 게다. 그리고 내 딸들과 손자들을 안아주고 축복해주는 시간도 가질 수 있었을 게다." 외할아버지는 이렇게 달콤한 거짓말을 하면서 자신이 지난 6년 동안 딸들을 마치 종처럼 다루었던 일을 덮어버리려고 했습니다. 아버지는 모든 사실을 알고 있었지만 외할아버지가 마지막으로 추궁하는 말에 순간 당황하고 말았습니다. 외할아버지가 드라빔을 훔친 것에 대해 질책했기 때문이었습니다.

"제가 목숨을 건지기 위해 도망친 것은 장인어른도 잘 아실 겁니다. 장인어른이 화를 내시는 통에 제 아내들과 자식들과 종들이 모두 겁을 먹었습니다. 장인어른의 신에 관한 일이라면 직접 조사해 보십시오. 만일 누구든지 장인어른의 신을 훔친 사람이 있다면 제가 먼저 그 사람을 쫓아버리겠습니다." 미신적인 이유에 의해서였건, 혹은 정당한 상속권을 주장하기 위해서였건 간에, 가정의 수호신과 같이 여겨지던 드라빔을 어머니가 훔쳤다는 사실을 아버지는 전혀 모르고 있었습니다. 그래서 아버지는 그렇게 장담했습니다.

외할아버지는 장막을 차례차례 조사했습니다. 다행히 아무것도 발견하지 못했습니다. 마지막으로 라헬의 장막 앞에 이르렀습니다. 장막 안에는 침상과 옷가지와 식기들이 여기저기 널려 있었습니다. 낙담한 외할아버지는 한쪽 구석에서 낙타 안장 위에 앉아 있는 작은딸을 바라보았습니다. 그때 어머니는 이렇게 말했지요. "죄송합니다, 아버님. 지금 일어서서 맞이할 수가 없습니다. 마침 경수가 나서요."

외할아버지는 결국 아무 힘도 없는 자신의 신을 찾아내지 못했고, 우리 가족은 달거리를 하는 유약한 여인이 마음대로 숨겨둘 수 있을 정도로 허약해빠진 신을 비웃기라도 하듯 허허 웃음을 지을 수 있었습니다.

살아 계신 하나님께서는 우리 가족을 외할아버지의 진노로부터 구해주셨습니다. 우리가 무서워 잠을 이루지 못하는 동안 하나님께서는 외할아버지에게 우리를 해치지 말라고 경고하셨습니다. 외할아버지는 자신이 찾던 신을 발견하지 못하자 어쩔 수 없이 아버지와 평화 협정을 맺고 인사를 나눈 뒤에 떠났습니다. 당시 나는 7살밖에 되지 않았지만 아버지가 참되신 하나님께 경배드리는 모습을 주의 깊게 살펴보았고, 외할아버지가 섬기는 우상들이 하나님의 전능하신 힘에 비한다면, 웃음거리밖에 되지 않는다는 것을 깨달을 수 있었습니다.

유 다: 요셉이 방금 강조한 것처럼 하나님께서 우리를 보호하고 계신다는 사실은 우리가 어린 시절에 배우게 된 아주 중요한 교훈이었다고 생각합니다. 우리는 아버지의 고향으로 가는 도중에 목숨을 위협하는 사건을 여러 차례 더 겪었습니다. 큰아버지에서가 자신을 속이고 달아났던 동생을 죽이기 위해 사백 명의 용사를 거느리고 온다는 소식이 전해지자, 다시 한 번 위기감이 감돌았습니다. 고대 근동지방에서 사백 명의 장정을 데리고 마중 나온다는 말은 분명 전쟁을 의미하는 것이었습니다. 아버지는 우리를 두 그룹으로 나누었습니다. 종들을 전면에 내세웠는데, 만일 큰아버지가 종들을 치면 뒤에 있는 그룹은 도망치리라는 계산을 세웠습니다. 내가 기억하기로 아버지는 요셉과 작은 어머니 라헬을 가장 뒤에 세웠습니다. 이렇

듯 아버지는 자신이 사랑하는 아내와 자식을 드러내놓고 편애하셨죠.

아버지는 그런 계획만 세우고 그냥 앉아 있지 않았습니다. 하나님께 기도하기도 했습니다. 아버지는 얍복강 나루에서 혼자서 밤이 맞도록 간절하게 기도했습니다. 하나님께서 아버지 앞에 실제로 친히 나타나주시기를 바라면서 말입니다. 얼마나 격렬한 씨름을 벌였는지 모릅니다. 아버지의 실체가 어둠 속에서 완전히 벌거벗겨졌습니다. 아버지는 거짓말과 속임수를 잘 쓰는 사람이었지만, 하나님의 축복에 대한 열망은 그 누구보다도 간절했습니다.

다음날 아침, 아버지가 장막으로 돌아왔을 때, 아버지는 환도뼈에 골절상을 입어서 절뚝거렸습니다. 하지만 아버지의 마음 속에는 강한 확신이 치밀어 올라왔습니다. 아버지는 외삼촌 라반도, 형 에서도 전혀 두려워할 필요가 없다는 것을 깨닫게 되었습니다. 오직 하나님 한 분만이 진정으로 두려워해야 할 분이라는 것을 깨달았던 것입니다. 아버지는 하나님과 직접 대면하고 씨름을 벌였던 경험을 통해, 하나님께서 자신을 사랑하시고, 자신에게 축복을 베풀어주기 원하신다는 사실을 알았습니다.

아침이 밝아오고 큰아버지 에서의 무리가 눈에 들어왔습니다. 하지만 큰아버지는 아버지를 죽이러 온 것이 아니라, 반갑게 맞이하려고 달려왔던 것입니다. 거대한 체구에 붉은 머리카락이 덥수룩한 큰아버지가 아버지를 껴안는 모습은 매우 인상적이었습니다. 복수심과 두려움은 형제간의 포옹 속에 눈 녹듯 사라져버렸습니다.

(대개 상담자는 피상담자들에게 손수건을 주며 눈물을 닦으라고 말하지만, 이번 경우에는 오히려 요셉이 상담자에게 손수건을 건네주었다. 다시 평정을 되찾은 상담자는 두 사람의 신상명세서를 다시 살펴보았다.)

**상담자:** 형제들 가운데 홍일점이 있군요. 여동생 디나에 대해 말씀해 주시겠습니까?

(요셉과 유다가 거의 동시에 입을 열었지만, 유다가 좀 빨랐다. 게다가 유다와 디나는 친남매였기에 유다가 대답하는 것이 더 적절해 보였다.)

**유 다:** 큰아버지 에서는 아버지와 재회의 기쁨을 나눈 뒤에 자신이 살고 있던 세일산으로 돌아갔습니다. 당신들이 페트라(장미의 도시)라고 부르는 곳이죠. 우리는 요단강 동편, 숙곳 근처에서 5, 6년 정도 더 머물렀습니다. 그 후에 요단강을 건넜고, 세겜 땅 근처에 장막을 쳤습니다. 그 곳으로 거처를 옮긴 것이 잘한 것 같았지만, 그 곳에서 여동생 디나는 값비싼 대가를 치

르고 말았습니다.

디나는 난생 처음 보는 멋진 도시를 구경하러 나갔습니다. 그곳에서 세겜 족속 추장의 꾐에 넘어가 그에게 겁탈당하고 말았습니다. 디나를 욕보인 추장 세겜은 그녀를 사랑한다고 말했고, 그녀와 결혼하고 싶다고 했습니다. 아버지는 그 일에 있어서도 수동적이었습니다. 우리에게 그 협상을 맡아서 처리하라고 하면서 책임을 떠밀었습니다. 가나안 사람들의 도덕관념은 현대인들의 생각과 비슷합니다. 십대 청소년이라 하더라도 사랑한다면 남녀가 잠자리를 함께 하는 것을 전혀 문제 삼지 않습니다. 그런 생각을 갖고 있었기 때문에 그는 디나를 욕보인 일에 대해서 한 마디 사과의 말도 하지 않은 채, 자신들과 통혼을 하게 되면 어떤 경제적 이득이 있을 것인지에 대해서만 장황하게 늘어놓았습니다.

우리는 타오르는 분노를 숨긴 채, 그에게 할례를 받지 않은 사람들과는 통혼을 할 수 없다고 했습니다. 세겜은 언변이 좋은 사람이었습니다. 그는 우리 말에 따라 성 안에 사는 모든 남자들에게 고통스럽지만 할례를 행하는 것이 좋겠다고 설득했습니다. 결국 모든 남자들이 다 할례를 받았습니다. 우리의 계략에 걸려든 것이었습니다. 할례 후 3일이 지나자 사람들은 할례의 고통 때문에 거동하기 힘들게 되었고, 그 기회를 틈타서 시므온과 레위 형이 성으로 들어가 모든 남자들을 살육해버렸습니다. 그때 우리 나머지 형제들은 성을 약탈하는 일에 함께 가담했습니다.

이 사건을 전해듣고 놀란 아버지는 시므온과 레위 두 형을 나무랐습니다. 앞뒤 안 가리고 폭력을 행사했다고 말입니다. 형들이 어떻게 대답했을까요? "우리 누이를 창녀처럼 대하는 것은 옳은 일인가요?" 사실, 누가 옳은가 하는 문제는 그리 중요한 것이 아니었습니다. 우리 가족은 이웃 마을 사람들이 함께 모여 보복하러 오기 전에 그 지방에서 도망쳐야만 했습니다.

요 셉: 세겜에서 비극적인 살육을 자행한 것으로 죽음과의 조우가 끝난 것은 아니었습니다. 우리 어머니는 베들레헴 근처에서 내 동생 베냐민을 낳고 나서 그만 돌아가셨지요.

(라헬의 죽음을 말할 때, 요셉의 두 눈가에는 눈물이 가득 고였다. 인터뷰를 마무리하고 정리해야 할 시간이 다가왔다.)

상담자: 당신들 두 사람 모두 자신의 어머니가 아버지의 사랑을 얻기 위해 맹렬한 다툼을 벌였다고 말하고 있군요. 아버지는 파렴치한 고용주 밑에서 20년 동안 싸워야 했고, 온 가족이 몰살당할 위험에 처했던 적도 2번이나 있구요. 게다가 여동생이 성폭행을 당하는 일도 있었고, 그 일 때문에 당

신 형제들이 그 성 사람들을 몰살시키는 잔인한 사건을 자행했던 적도 있다고 말했습니다. 그리고 요셉 당신은 어린 나이에 어머니를 잃은 경험도 있구요. 유전학적 특질이나 당신들의 가족이 처했던 환경이 사람을 지배한다고 가정한다면, 당신들은 그야말로 전혀 희망이 없는 사람들이군요. 당신들이 지나온 과거를 돌이켜볼 때, 대체 무엇으로 인해 당신 가족이 그런 혼동에서 벗어날 수 있었다고 생각하십니까?

(상담자가 유다와 요셉의 어린 시절을 되짚어가며 예리하게 던진 질문에 대해 그들이 깊이 생각하고 있을 때, 사무실 안에는 침묵만이 감돌았다. 요셉이 먼저 그 침묵을 깨고 말했다.)

요 셉: 하나님의 함께하심, 약속, 보호, 이 세 가지 때문입니다. 이것은 수많은 실패에도 불구하고 아버지가 우리에게 가르쳐준 교훈입니다. 아버지가 벧엘에서 돌베개를 베고 잠들었던 날 밤에, 하나님께서는 아버지의 선잠을 깨우신 후에, 아버지를 보호해줄 것이며, 다시 고향땅으로 돌아오게 해줄 것이며, 땅의 모든 민족이 아버지의 후손으로 인하여 복을 얻게 될 것(창 28:10-15)이라고 약속해 주셨습니다. 간혹 아버지는 실패를 경험하기도 했지만, 아버지의 하나님은 실패하는 법이 없었습니다. 자비로운 하나님께서는 하란에서 우리 가족과 외할

아버지 라반의 가족을 축복해 주셨습니다. 가나안으로 돌아오는 길에는 두 번이나 우리 가족을 몰살의 위기에서 구해주셨습니다. 우리가 요단강을 건넜을 때, 하나님께서는 아버지에게 약속의 땅으로 돌아오게 하시겠다고 하신 약속을 이루셨습니다. 모든 민족이 아버지의 후손을 통해 축복을 받게 되리라는 약속은 우리가 죽은 지 수백 년이 지나도록 성취되지 않았지만, 우리 삶의 모든 극적인 사건들은 메시아에 대한 이 약속 안에서 엮어져 가고 있습니다.

유 다: 요셉, 결론부터 끄집어내서 이야기를 망쳐버리지 마라. 우리 이야기가 절정에 이르려면 아직 멀었단 말이야.

(상담자는 그들에게 시간이 지났다는 신호를 주고서는 메모한 것을 정리하고, 서류를 챙겨 넣었다. 그날 상담은 그것으로 마쳤다.)

상담자: 자, 여러분. 길지만 아주 유익한 시간이었습니다. 당신들의 가족 이야기처럼 흥미로운 것은 들어본 적이 없습니다. 이렇게 나와서 솔직하게 말씀해주신 것 정말 감사합니다.

## 오늘을 위한 적용

우리 각자의 가족 이야기가 성경에 기록되어 있지는 않지만, 우리는 모두 과거의 유산에 직면해야만 한다. 어린 시절에 우리는 부모님을 마치 '하나님처럼', 그리고 어떤 잘못도 저지르지 않는 존재로 생각하는 경향이 있다. 이러한 생각은 대개 우리가 성장하면서 부모님의 영향력에서 벗어나고 싶어 하기 시작할 때, 그리고 우리의 지식이 어느 정도 쌓였을 때 산산조각 나게 된다. 십 대가 되어 호르몬 분비가 왕성해지고 반항심이 강해지면, 부모님들이 마치 '악마 같다'고 여겨지고, 어른들은 옳은 일이라고는 하나도 하지 않는 사람들이라는 생각마저 든다. 온전히 성숙한 후에야 우리는 실제적인 진실, 즉 부모님들은 '하나님'도 '악마'도 아니고, 우리와 같은 피와 살을 지닌 한 사람에 불과하다는 사실을 바로 볼 수 있게 된다. 그리고 가정에서 부모님들에게 양육받던 어린 시절을 되돌아보면서 그 속에 선과 악의 양면이 뒤섞여 있음을 보게 된다. 선과 악 모두에서 교훈을 얻으며, 인생을 살아가면서 우리가 했던 선택에 대해 책임지는 법도 배우게 된다. 한마디로 우리가 성숙한 어른이 되면 부모님에 대한 비난을 그치게 되고, 부모님의 실수를 용서하게 되며, 자신이 한 행동에 대해서 책임을 지게 되는 것이다.

구약 시대 유명한 족장의 가정에서 태어나 어린 시절을 보낸 요셉과 유다의 증언을 듣다보면, 우리의 과거를 다시 한 번 돌아보게 된다. 정도의 차이는 있겠지만, 우리도 역시 어린 시절에 선과 악이 공존하는 환경 속에서 성장했다. 우리 가정의 중심적인 가치관이 요셉과 유다가 아버지에게서 배운 교훈과 같다면 우리는 감사하게 될 것이다. 하지만 그렇지 않다 하더라도 용기를 잃어서는 안 된다. 요셉과 유다가 어린시절의 암울했던 측면을 극복했듯이 우리도 그렇게 할 수 있다. 창세기는 역기능적 가정환경 속에서 성장한 아이들은 필연적으로 역기능적인 인생을 살 수밖에 없다고 못박아버리지 않는다. 긍휼에 넘친 하나님의 사랑은 **우리를 놀라운 은혜의 세계**로 이끌어 갈 수 있다.

나는 구약 시대 족장의 가정에서 자라지는 않았지만, 아버지가 유명한 복음주의자였기 때문에 가끔 그러한 생각을 하곤 한다. 아버지는 전 세계적인 복음주의자 연합체를 만들기 위해 한 평생을 바친 분이다. 시간이 허락되는 한 복음을 전하러 다니시는 분이었기에 어머니의 감정을 다독거리거나 다섯 자녀들과 함께 놀아주는 시간은 거의 내지 못했다.

내가 대학 1학년 때, 어머니는 정신적으로도, 육체적으로도, 영적으로도 대단히 지쳐 있었다. 체질상 건강한 편도 아니었고 오랫동안 혼자서 가정의 모든 일을 꾸려왔기 때문에 너무나 힘들어했다. 어머니의 침상 곁에 앉아 있을 때, 어머니가 이렇게 말했던 것이 기억난다. "데이브, 네 아빠는 일과 결혼을 한 모양이구나. 나는 너무 피곤해서 매일 '생명의 양식'도 읽을 수가 없구나. 이제 나는 차를 타고 집을 떠날 생각이다. 아마 이혼을 할지도 모르겠구나. 책상에 이혼서류가 놓여 있는 것을 보고도 아빠가 복음주의자로 일을 잘 해 나가는지 보자꾸나."

18살 때 나는 어머니의 슬픈 눈물을 보았고, 스트레스로 지친 어머니의 절망적인 음성도 들었다. 신경쇠약증세가 자주 나타나서 안정제를 복용하는 것을 보고 나는 이런 결론을 내렸다. '아버지가 전하는 복음이라는 것은 우스꽝스러운 것이 아닌가? 그것은 결혼생활도 하나 제대로 추스르지 못하게 만든다. 가족들의 건강과 정서를 해치기까지 하는 이 '예수'를 왜 믿어야 하나?'

이런 결론에 이르게 된 것은 성경 속에 나타나 있는 예수님의 모습과 우리 부모님이 생각했던 예수님의 모습을 제대로 구분하지 못했기 때문이다. 아버지와 어머니가 일에 중독된 사람들이 겪는 문제를 겪고 있는, 보통의 중년 부부라는 사실을 깨닫는 게 그리 쉬운 일은 아니었다. 그 문제의 원인은 예수님이 아니었다. 성경이 말하는 우선순위를 제대로 이해하지 못한 점, 육신의 연약함, 감정적인 무력함, 스트레스, 자만심 등, 이 모든 것들이 나의 성장기의 어두운 측면을 만들어냈다. 그럼에도 불구하고 예수님은 결코 실패하지 않으셨다. 주님의 은혜는 나와 우리 가정을 치유하셨다.

요셉과 유다의 아버지와 마찬가지로 우리 부모님도 하나님께서 함께하시며 지켜주실 것이고, 그분의 약속은 신실하다는 것을 진심으로 믿었다. 위기 속에서도 우리 부모님은 누가복음 24장 15절 말씀처럼, "예수께서 가까이 이르러 저희와 동행하신다"고 고백했다. 부모님은 이혼하지 않았고, 그리스도 안에서 모든 문제들을 해결하고 서로 사랑하는 법을 배울 수 있을 것이라는 하나님의 약속을 믿었다. 성경에 나타난 그리스도의 모습은 우리를 정직하게 만들고 우리를 변화시킨다. 결국 부모님이 마지막으로 함께 지낸 15년의 세월은 정말 건강하고 행복한 시간이 되었다. 하나님께서 우리 부모님을 보호해주셨던 것이다. 하나님께서는 1984년 1월 1일에 어머니를 부르시기 전까지 어머니에게 풍성한 삶을 허락해주셨다. 아버지는 1986년에 재혼하셨고, 80세까지 계속 그리스도를 전하며 다니셨다. 하나님께서 함께하시고, 하나님께서 보호해 주시겠다는 약속은 우리 가족에게도 영원한 유산이 되었다.

요셉과 유다의 어린시절에 대해 성경이 말하는 내용은 성자의 삶처럼 존경할 만한 낭만적인 것이 아니다. 성경이 그들의 어린시절의 삶을 솔직하게 그대로 그리고 있다는 사실을 통해 당신 자신의 유년기를 돌아볼 수 있는 용기를 얻으라. 그들의 증거를 당신의 삶과 비교해보고, 아브라함과 이삭과 야곱의 하나님이 여전히 당신의 나날에 새로운 의미를 줄 수 있음을 깨달으라. 당신의 꿈은 이루어질 수 있다.

 이제 17살이었던 요셉의 모습을 자세히 살펴보면서, 십대의 꿈이 얼마나 대단한 힘을 가지고 있는지 알아보자.

## 02 십대의 꿈

**염세주의자** 피터와 낙관주의자 오스카의 이야기를 알고 있는가? 피터는 부모가 어떤 물건을 가져다주어도, 혹은 그를 위해 무슨 일을 해주어도 그저 징징거리며 울기만 하는 아이였다. 그 부모는 궁리 끝에 8살 난 아들 피터의 부정적인 사고방식을 뜯어고칠 수 있는 기막힌 방법을 생각해냈다. 그들은 세상에서 제일 큰 '장난감 백화점'에 피터를 데리고 갔다. 그리고 한 시간 동안 원하는 장난감을 다 고르라고 했다. 뭐든지 고르기만 하면 다 사주겠다고 약속했다. 그 백화점에는 세상에 나와 있는 모든 종류의 장난감이 빠짐없이 비치되어 있었다. 피터의 부모는 한 시간 후면 만족스럽게 웃고 있는 아이의 얼굴을 보게 될 것이라고 확신했다.

한 시간이 지난 후에 피터의 부모가 그를 찾았을 때, 피터는 부모의 기대와는 달리 백화점 한가운데 주저앉아 엉엉 울고 있었고, 장난감들은 주변에 마구 흩어져 있었다. 그의 손에는 멋진 빨간색 소방차가 들려 있었다. 부모가 그에게 다가가자, 그는 이런 불평을 털어놓으며 목이 터져라 울어댔다. "난 노란색 소방차를 갖고 싶단 말이야! 빨간색 소방차는 너무 흔해 빠졌어. 그건 누구나 다 가지고 있어."

피터와는 정반대로 오스카에게서는 전혀 비관적인 구석이라고는 찾아볼 수 없었다. 그 아이는 대단히 긍정적이었기 때문에 한 심리학자가 어느 정도인지 실험해 보기로 했다. 그 심리학자는 좁은 방에 오스카를 혼자 있게 했다. 그리고는 방 한가운데에다가 말똥으로 만든 퇴비를 천장 높이만큼 쌓아올렸다. 한 시간 동안 오스카는 그 방에서 밖으로 나오지 못하고 악취를 맡아야만 했다. 심리학자는 매직 미러(일방투명경)를 통해 방 안을 살펴보았다.

오스카는 처음 몇 분 간은 그저 퇴비 더미를 지켜보기만 했다. 그러다가 갑자기 그것을 파헤치기 시작했다. 마치 뼈다귀를 잃어버린 강아지 마냥 오스카는 퇴비 더미에 달려들었다. 한 시간이 지난 뒤에 심리학자와 부모가 그 방으로 들어가 보았다. "오스카! 세상에, 너 지금 뭐 하고 있는 거니? 온통 말똥으로 범벅을 해놓지 않았니?" 오스카는 잠시 숨을 내쉬더니 손가락으로 귀에 들어간 말똥을 후벼내면서 퇴비 더미에서 일어섰다. 그리고 이렇게 말했다. "이렇게 말똥이 많은 것을 보니 여기 어딘가에 분명히 조랑말이 있을 거예요!"

아주 재능이 많은 연사라 하더라도 긍정적인 사고방식을 얻을 수만 있다면 수백만 달러도 아낌없이 내놓을 정도로 긍정적인 사고방식은 귀하다. 사라지지 않는 '긍정적인 마음'의 비밀이 창세기 37장에 나와 있다. 그것은 인생 가운데 있는 온갖 더러운 '말똥' 속에서도 어딘가에 '조랑말'이 있을 것이라는 강한 신념 속에서 솟아나온다. 그것은 크리스마스가 되면 우리에게 아주 근사한 선물을 주는, 우리를 끝까지 사랑하는 아버지가 분명히 있을 것이라는 신념을 저버리지 않게 한다. 오스카와 마찬가지로 요셉 역시 낙관주의자였다. 그는 꿈을 지닌 젊은이였다. 17세 때 그의 인생은 마치 퇴비 더미에 처박힌 것 같았다. 어떤 변화를 기대할 만한 상황이 전혀 아니었다. 하지만 그는 꿈을 꾸었고 그 꿈이 현실로 이루어지리라는 희망을 잃지 않았다. 창세기 37장은 꿈 같은 요정 이야기가 시작되는 곳이 아니라, 바로 요셉의 인생 고백이 시작되는 곳이다. 그가 십대의 꿈에 대해 말하는 것을 들어보도록 하자.

## 아버지의 사랑을 독차지했던 시절

내가 채색옷을 입었다는 사실은 성경을 통해 잘 알고 있을 것입니다. 실제로 그 옷은 소매가 길고 특별한 장식이 없는 긴 겉옷이었습니다.[1] 채색옷을 입었다는 것은 아버지의 특별한 사랑을 받는다는 것과 상속자로 지명받았다는 사실을 의미했기 때문에 형들은 아버지가 내게 채색옷을 입힌 것을 굉장히 싫어했습니다.

게다가 형들이 저지른 일을 내가 아버지께 다 일러바쳤기 때문에 고자질쟁이라고 더 싫어했습니다. 우리 가족의 직업은 양을 치는 것이었는데, 형들은 간혹 문제가 될 만한 사건을 일으키곤 했습니다. 그런 사건이 생길 때마다 나는 아버지께 모두 말씀드렸죠. 나는 주일학교 교사들이 아이들에게 고자질하지 말라는 예화로 내 이야기를 사용하고 있다는 사실을 알고 있습니다. 하지만 내가 아버지께 형들의 잘못을 말씀드린 것은 5살 난 코흘리개 꼬마가 친구들의 잘못 때문에 마음이 상해서 엄마에게 달려가 고자질하는 것과는 다릅니다. 비록 나는 형들에 비하면 17살 밖에 되지 않는 어린 풋내기에 불과하지만, 아버지가 내게 채색옷을

---

1 B. Jacob, *The First Book of the Bible Genesis*, 249.

입혔기 때문에 나는 그 의미에 걸맞게 행동해야 했습니다. 우리 형들은 잘못된 행동을 자주 하곤 했죠. 요즘 시대의 상황에 비추어 생각해본다면, 옆방에서 마리화나를 피우고 있는 광경을 목격한 십대와 같이, 나는 내가 알게 된 사실을 책임자에게 알리지 않을 수 없었습니다. 내게 있어서 그 사람은 바로 아버지였습니다.[2]

　다른 사람의 잘못을 고자질하는 것이 결코 인기를 끌 만한 행동이 아니었기에, 나와 형들의 관계는 점점 더 악화되었습니다. 아버지는 한 아이만 편애하는 것이 가정에 얼마나 큰 상처를 남기는지 자신의 어린 시절의 경험을 통해 깨달았어야 했습니다. 아버지도 어린 시절에 할아버지의 사랑을 독차지했던 큰아버지와 경쟁해야만 했습니다. 아버지는 할아버지의 사랑에 굶주려 있었습니다. 하지만 대개 사람들이 그렇듯이, 아버지도 그 굴레에서 벗어나지 못했습니다. 부모들이 자녀들에게 골고루 사랑을 베풀기 위해 지나치게 민감한 반응을 보일 필요는 없습니다. 그 대신 모든 아이들에게 자신이 부모의 사랑을 받고 있다는 확신을 심어주면 됩니다. 형들은 아버지가 나를 다른 자식들보다 더 사랑한다는 사실을 확실하게 알고 있었습니다. 나는 아버지의 편애 때문에 고통을 받았고, 형들의 미움을 사고 말았습니다.

---

2 Allan P. Ross, *Creation and Blessing*, 598.

## 십대의 꿈

나는 고자질쟁이가 아니었습니다. 다만 내가 꾼 꿈을 형들이나 부모님께 말씀드릴 때 상식이나 요령이 좀 없었던 것뿐입니다. 내가 꾸었던 꿈이 무엇을 의미하는지는 무슨 특별한 영적인 능력이 없어도 알 수 있었습니다. 형제들의 곡식 단이 내 곡식 단에 엎드려 절하는 꿈과 '해, 달, 그리고 열한 별'이 나에게 절하는 꿈은 형들이 나를 이기적인 사고방식으로 똘똘 뭉쳐진 녀석으로 생각하게 하기에 충분했죠. 저는 형들의 눈빛에서 흘러나오는 질투심 때문에 더 이상 꿈에 대한 이야기를 할 수 없었습니다. 아버지조차도 그 꿈에 대해 호의적이지 않았습니다. 아버지는 불호령을 내렸지만, 형들과는 달리 그 꿈의 의미를 속에 담아두고 곰곰이 생각해보셨습니다(창 37:11). 왜냐하면 아버지는 하나님께서 꿈을 통해 말씀하시는 것을 조상들의 삶이나 자신의 삶 속에서 직접 경험해보았기 때문입니다.

증조할아버지인 아브라함은 꿈 속에서 연기 나는 풀무와 쪼개놓은 고기 사이로 지나가는 타는 횃불을 본 적이 있습니다. 그 꿈을 통해서 우리 민족의 장래가 어떻게 될 것인지 알게 되었죠. 사백 년 동안 애굽에서 종살이를 하게 될 것과 가나안 땅을 차지할 것을 보여준 꿈이었습니다(창 15:9~21).

아버지는 큰아버지 에서의 낯을 피해 도망가다가 벧엘 들판에서 밤을 보내야 했습니다. 돌을 하나 취하여 베개를 삼고 누웠는데, 하나님께서 아버지의 꿈에 나타나셨습니다. 피라미드 모양의 사닥다리가 하늘에까지 이어졌는데 천사들이 그 위를 오르락내리락하고 있었고, 여호와께서 그 위에 서 계신 꿈이었습니다. 그 꿈을 통해서 아버지는 온 우주의 통치자가 되시는 하나님께서 자신과 함께하신다는 사실을 깨닫게 되었습니다. 가나안으로 다시 돌아와 땅을 차지하게 되리라는 반복된 하나님의 약속, 자손이 번성할 것이고 세상의 모든 민족이 아버지의 후손을 통해 복을 받게 되리라는 하나님의 약속은 두려움에 떨고 있던 아버지에게 확신을 심어주었습니다. 아버지는 하나님께서 아브라함을 보호하셨던 것처럼 자신도 역시 보호해주실 것임을 믿게 되었습니다. 아버지는 그때 축복의 꿈을 마음속에 간직하게 된 것입니다(창 28:10~22).

이렇듯 하나님께서는 종종 꿈을 통해 자신의 뜻을 우리에게 전달하십니다. 그러므로 내가 꾼 꿈을 가족들에게 말한 것을 악몽 같은 이상한 꿈을 꾸고 그 꿈을 형제들에게 말한 것 정도로 치부하지 말아 주십시오. 내가 꾸었던 꿈에는 우리 가족이 장차 어떻게 될 것인지, 그리고 하나님께서 우리 가족 중에서 누구를 선택하셔서 지도자로 삼으실 것인지 보이시는 하나님의 의중이 담겨 있었습니다. 내가 꾸었던 꿈은 인간들의 삶을 주관하는 능력을 갖고 계신 분이 누구인지 말하고 있습니다. 우리 형들도 그런 사실을 알고 있었습니다. 형들은 내 꿈을 거부함으로써 하나님의 계획에 반기를 들었고, 통치권을 두고 벌였던 에덴동산에서의 투쟁을 재연했습니다.

나는 하나님께서 내게 주신 꿈을 통해서 내가 지도자로 선택되었음을 확신하게 되었습니다. 그렇지만 하나님께서 선택하신 일꾼이 거쳐야 하는 훈련과정이 얼마나 혹독한 것인지는 전혀 예상하지 못했습니다. 꿈과 약속과 통치권에 대한 이러한 전체적인 개념들은 오늘날 20세기의 사고방식으로는 선뜻 이해되지 않을 수도 있습니다. 하지만 내 경우와 마찬가지로 당신의 인생도 당신이 꾸는 꿈에 달려 있습니다. 내 꿈이 성취되었다는 사실로 인해 당신의 꿈을 끝까지 포기하지 않을 수 있습니다. 그리고 당신의 꿈이 내 꿈과는 비교할 수 없을 정도로 훨씬 더 놀라운 것일 수도 있습니다.

## 오늘을 위한 적용

요셉을 통해서 나는 우리가 꾸고 있는 꿈들을 각자 깊이 생각해 보아야 한다는 도전을 받았다. 또한 꿈을 지니고 살았던 사람들이 현대 문화에 어떤 영향력을 미쳤는지 되돌아보는 기회도 되었다.

길고 긴 인류의 역사 속에서 오직 극소수의 세대들에게만 엄청난 위기의 순간에 자유를 수호할 수 있는 역할이 맡겨졌습니다. 나는 이 책임을 회피하지 않겠습니다. 오히려 그것을 기쁜 마음으로 받아들이겠습니다. 우리가 쏟아붓는 힘과 믿음과 열정과 노력은 우리나라, 그리고 모든 사람들에게 빛을 비출 것입니다. 그 빛은 세상 전체를 밝혀줄 수도 있습니다. 그러므로 내가 사랑하는 미국 국민 여러분, 국가가 여러분을 위해 무엇을 해줄 수 있는가 묻지 말고, 여러분들이 국가를 위하여 무엇을 할 수 있는가 물어보십시오!

케네디 대통령이 이 자극적인 연두 연설을 통해 미국 국민들에게 고통을 참고 일어나 '압제와 질병'과 싸우자고 외쳤을 당시, 나는 12살이었다. 케네디의 뉴프론티어(New Frontier) 정신은 꿈의 힘이 얼마나 강한지 여실히 보여주었다. 수천 명의 대학생들이 평화봉사단(Peace Corps)에 가입했고, 후르시초프는 쿠바에 배치했던 탄도 미사일을 철수시킬 수밖에 없었다. 미국 항공우주국은 달 탐사 우주선 개발에 박차를 가하였다.

꿈을 지닌 또 다른 한 젊은이의 말을 듣기 위해 20여만 명의 사람들이 링컨 기념관 앞에 모여들었을 때, 나는 14살이었다. 마틴 루터 킹 목사는 성경과 독립선언서에 근거해서 "나에게는 꿈이 있습니다"라는 선언을 했고, 이 선언은 온 국민의 양심에 자극을 가했다. 그때까지 인권 선언문에만 갇혀 있던 모든 인간의 자유와 평등은 비로소 종잇장에서 벗어나서 버밍엄, 셀마, 그리고 워싱턴의 정가를 뒤흔들기 시작했다.

우리는 고대의 총리대신, 현대의 대통령, 혹은 민권운동 지도자들에게 많은 것을 기대한다. 그들이 위대한 꿈을 꾸고 세상에 큰 영향력을 끼치길 한결같이 바란다. 하지만 정작 우리 자신은 웅대한 꿈과는 거리가 먼 것들만 바라며 살아간다. 우리가 바라고 꿈꾸는 것들이란 고작 수학 시험에 통과하는 것, 대학을 졸업하는 것, 정리해고 명단에서 제외되는 것뿐이다. 돈을 주고 산 장난감들을 가지고 노는 것으로 지루한 삶을 달래려 하지만, 영원한 꿈을 찾을 수 없다면 그 어떤 노력도 결국 이미 쌓여 있는 말똥 더미에 말똥을 더 쌓는 것과 다를 게 없다. 요셉과 케네디와 마틴 루터 킹, 그들에게는 꿈이 있었다. 우리는 대체 어디에서 우리의 꿈을 발견할 수 있단 말인가?

사도 바울은 모든 하나님의 자녀들이 소유해야 하는 꿈을 소개한다. 그것은 애굽을 통치한다거나 현대의 우주개발 계획에 불을 지핀다거나, 시민의 권리를 수호하기 위한 운동을 벌이는 것과는 비교할 수 없을 정도로 놀라운 꿈이다.

"그러므로 너희가 그리스도와 함께 다시 살리심을 받았으면 위엣것을 찾으라 거기는 그리스도께서 하나님 우편에 앉아 계시느니라 위엣것을 생각하고 땅엣것을 생각지 말라 이는 너희가 죽었고 너희 생명이 그리스도와 함께 하나님 안에 감취었음이니라 우리 생명이신 그리스도께서 나타나실 그때에 너희도 그와 함께 영광 중에 나타나리라"(골 3:1-4).

온 우주를 지배하는 권세를 지니신 분은 누구인가? 바로 예수님이시다. 예수님만이 역사를 지배하고 통치하신다. 그분은 고대 애굽의 썩어져버릴 피라미드를 다스리는 총리대신이 아니라 영원한 하늘나라를 다스리는 분이시다. 언젠가는 그분의 나라가 다시 이 땅에 임할 것이다. 그렇지만 그분은 홀로 그 나라를 다스리지 않으실 것이다. 그 나라를 위해 헌신하고, 그분의 약속 위에 자신의 삶을 개척한 우리들이 예수님의 우편에 서서 주님과 함께 그 나라를 다스릴 것이다. 즉 예수님과 같이 된 사람들이 그분과 함께 다스리게 되는 것이다. 이것이 바로 전도서 저자가 노래하고 있는, 인간 존재의 허무함을 극복할 수 있는 유일한 길이다.

미묘하고도 치명적인 병폐가 현대를 사는 그리스도인들의 삶을 파괴시키고 있다. 그 병폐는 바로 '세상적인 것'에 국한되어 있는 우리의 꿈이다. 우리 발을 땅에 깊이 파묻고 있을 때, 우리는 무능하고 하찮은 존재로 전락할 수밖에 없다. 바울은 우리에게 현재 주어진 삶을 장차 온 우주를 다스릴 각료들을 키우기 위해 하나님께서 준비하신 대학원 과정으로 여기라고 권면한다. 그리고 예수님이 우리를 '하나님의 자녀들'이라고 부르신 것과 바울 자신이 '그리스도와 함께 영광 중에 나타날 것'이라고 약속한 것이 의미하는 바에 주의를 기울이라고 강조한다. 왕의 자녀들은 결국 왕국을 통치하게 될 것이다. 예수님은 장차 주님과 함께 그 나라를 다스릴 수 있도록 우리를 준비시키기 위해 이 땅에서의 우리의 삶을 사용하길 간절히 바라고 계신다.

우리가 빠지기 쉬운 위험은 예수님을 거부하고 이 땅 위의 잘못된 왕국을 다스릴 권력을 추구하는 것이다. 그리고 하나님께서 우리 삶을 만들어 가기 위해 우리 앞에 두신 고통스럽고 어려운 난관들, 즉 '퇴비 더미'를 피할 수 있는 쉬운 길을 찾으려고 하는 것이다. 보이지도 않는 그리스도의 나라에 우리의 모든 것을 맡기는 것은 상식을 뛰어넘는 것이다. 그래서 극소수의 사람들만이 '꿈'을 간직한 '요셉'과 같이 될 수 있다. 어떤 암살자의 총탄도 그 꿈을 꿰뚫을 수 없다. 하지만 영원히 사라지지 않는 이 불사신과 같은 꿈도 악한 세력의 맹렬한 공격을 피해갈 수는 없다. 우리의 꿈을 공격하는 가장 맹렬한 공격이 바로 우리 가족들에게서, 즉 형제들의 질투심에서 시작될 수도 있다.

# 03 살인적인 질투심

"분은 잔인하고
노는 창수와 같거니와
투기 앞에야 누가 서리요"
(잠 27장 4절)

**형제간의 경쟁.** 그것은 대부분의 가정에서 볼 수 있는 보편적인 현상 가운데 하나이다. 단순한 몸싸움, 자동차 앞좌석에 서로 앉으려는 자리다툼, 누가 제일 잘 생겼는가 하는 보이지 않는 시기심 등은 성장 과정에 있는 아이들 사이에 필연적으로 나타나는 지극히 정상적인 현상이다. 하지만 형제간의 경쟁이 부모의 편애와 결부되어 있다면 형제간의 정상적인 경쟁심도 결국 치명적인 불화로 번지게 된다. 시기심 때문에 미움이 싹트게 되고, 그 미움은 사람을 죽이기까지 하는 폭력을 불러일으키기도 한다. 결국 인생의 꿈은 산산조각 나버리고, 그 부모는 아무런 일도 할 수 없는 절망적인 슬픔에 빠져들게 된다.

유다는 20살이 되었을 때, 시기심과 미움 때문에 생각지도 못할 일을 저지르고 말았다. 이제 그가 증언하는 바를 잘 들어보자. 그리고 어떻게 피와 살을 나눈 동생을 노예로 팔아먹을 정도로 잔인한 형이 되었는지 깊이 생각해보자.

## 형들의 배반

아버지는 요셉의 꿈을 마음에 품고 있었지만, 나는 그게 몹시 못마땅했습니다. 열두 명의 형제들 중에서 지도자를 꼽으라면 당연히 내가 되어야 하는 게 아닌가요? 내 위의 형들은 이런저런 사건들 때문에 자격이 없고, 그 형들을 제외하면 내가 제일 맏이니까 가족의 지도자가 될 권리는 당연히 내게 주어져야 하지 않나요? 그런데 요셉의 이기적이고 건방진 꿈이 정당한 내 자리를 빼앗아 버리고 말았습니다. 그 자리는 형제들 모두 바라는 자리였습니다. 형제간에 경쟁이 있는 것은 자연스러운 현상이지만, 내 경우는 상당히 치명적이었습니다.

우리 형제들은 양 떼를 이끌고 헤브론에서 북쪽으로 80킬로미터 정도 떨어진 세겜 골짜기로 갔습니다. 그 곳 그리심산과 에발산 사이에서 양들이 풀을 뜯게 했습니다. 그 곳은 우리 누이동생이 당한 일을 복수하기 위해 우리 두 형이 세겜 사람들을 몰살시켰던 곳이었지만, 이미 상당한 시간이 지났기 때문에 위험하지는 않았습니다.[1] 얼마 지나지 않아 양들이 그 곳의 풀을 다 뜯어먹어 버려서 우리는 양 떼를 몰고 북쪽으로 19킬로미터 더 떨어진 도단이라는 곳으로 올라갔습니다. 푸른 풀이 많이 있는 이 계곡에는 양들에게만 좋은 곳이 아니었습니다. 내 감정을 다스리기에도 좋은 곳이었고, 요셉을 시기하고 미워하는 마음도 완화시킬 수 있는 좋은 장소였습니다. 요셉만 편애하는 아버지와 오만한 꿈 이야기만 늘어놓는 요셉을 잠시 잊을 수 있는 피난처인 셈이었습니다. 비록 르우벤 형이 장자라고 우쭐대기는 했지만, 집 밖으로 나오면 의심할 여지없이 형제들을 이끄는 것은 바로 나였습니다.

그렇게 기분전환을 하고 있는데, 갑자기 형제들이 소란해지기 시작했습니다. "봐라! 저기 꿈꾸는 놈이 온다!"(창 37: 19) 멀리서 다가오는 사람은 분명 요셉이었습니다. 아버지의 충실한 신복인 그가 이 곳까지 우리를 찾아온 것은 아마 우리가 무엇을 하고 있는지 살펴보고 오라고 아버지가 시켰기 때문일 겁니다. 그 녀석이 입고 있는 옷을 보니 갑자기 내 피가 거꾸로 솟는 듯했습니다.

1 디나가 겁탈당한 것에 대한 복수로 야곱의 아들들은 세겜의 모든 남자들을 진멸시켜버렸다. 창세기 34장을 보라.

다른 형제들도 마찬가지였죠.

"이것 봐라! 꿈꾸는 녀석이 우리에게 복을 주려고 오는 모양이로구나!" 시므온이 이렇게 빈정대자, 형제들 사이에 의미심장한 미소가 오가는 듯싶더니, 곧바로 머리를 맞대고 계략을 짜내기 시작했습니다. "저 버릇없는 녀석을 죽여서 이 구덩이에다 던져버리자. 아버지에게는 악한 짐승이 잡아먹었다고 둘러대는 거야. 그러고 나서 그 말도 안 되는 꿈이 과연 어떻게 되는지 두고 보자구!"(창 37:18, 19).

그런데 르우벤 형이 강하게 반대하고 나섰습니다. 그래서 요셉을 죽이지는 못했습니다. 그 대신 우리는 그 저주스러운 채색옷을 찢어버리고 그 녀석을 근처 구덩이에 처넣어버렸습니다. 그 구덩이는 깊이가 4미터나 되었고, 그 안에는 물도 없었습니다. 그대로 두면 그냥 서서히 죽어갈 게 뻔했습니다. 구태여 피를 보지 않아도 되었기에 더 좋은 방법이라고 생각했습니다.

그렇게 하고 나니 오랫동안 쌓였던 분노가 어느 정도 해소되었고 긴장도 풀렸습니다. "양을 한 마리 잡아서 잔치를 벌이자." 누군가 이렇게 제안했고, 우리는 모두 동의했습니다. 르우벤 형은 길 잃은 양을 찾으러 나가 있었기에 그 자리에 없었습니다. 우리는 구운 양고기를 먹으며 승리를 자축했습니다.

그런데 구덩이에서 들려오는 애처로운 울음소리가 계속 귀에 거슬렸습니다. 때마침 미디안 상인들이 지나가는 것이 보였습니다. 그 상인들을 보자 귀에 거슬리는 애처로운 울음소리를 없애버릴 묘책이 떠올랐습니다. 그 묘책은 짭짤한 수입도 챙기고, 동시에 요셉의 꿈도 망가뜨릴 수 있는 기가 막힌 것이었습니다. 나는 형제들의 동의를 얻고 나서 요셉을 은 20개에 팔아버렸습니다. (만일 그 녀석 나이가 3살만 더 많았다면 은 50개는 받을 수 있었을 겁니다.)[2]

조금 후에 르우벤 형이 돌아왔습니다. 구덩이가 빈 것을 본 형은 우리를 죽여 버릴 듯이 심하게 화를 냈습니다. 형은 요셉을 구해서 아버지에게 데려다주려고 생각했던 것이 분명했습니다(창 37:22). 하지만 나는 소심한 형이 더 이상 이 일을 떠벌이고 다니지는 않을 것이라고 확신했습니다. 우리는 요셉의 옷을 찢고, 거기에 눈물 자국, 염소의 핏자국을 남겨서 완벽한 알리바이를 만들었습니다.

아버지는 피 묻은 옷을 만져보더니 몸을 떨면서 격심한 슬픔에 잠겼습니다. 나는 그 모습을 결코 잊을 수 없습니다. 아버지는 우리가 만든 증거물들을 하나하나 살펴보고서는 예상했던 대로 악한 짐승이 아들을 잡아먹었다고 판단했습니다. 아버지가 온 몸이 마비될 정도로 슬프게 울부짖는 것을 보고, 나는 우리가 그 짐승

2 레 27:3, 5을 보라.

이라는 사실을 실토할 뻔했습니다. 하지만 끝까지 입을 다물었습니다. 아버지는 요셉이 죽었다고 확신하고는 차라리 죽는 것이 낫겠다고 한탄했습니다(창 37:35). 나는 소란한 집안을 잠시 떠나 있는 것이 속 편하겠다고 생각하고 집에서 나왔습니다.

## 오늘을 위한 적용

게임과 같은 가상 세계를 통해 폭력적인 장면을 계속 접하다보면 현실 세계 속에서 벌어지는 폭력, 유혈 사태, 잔인한 사건들에 대한 우리의 생각이 무뎌지고 왜곡되기 마련이다.

1987년 10월의 어느 금요일 저녁, 내가 살고 있는 미들로디언에서 십대 소년 3명이 한 젊은 마약단속원을 무자비하게 살해한 사건이 발생했다. 그들은 그 단속원의 지갑 속에 들어 있던 돈을 나누어 가진 후에, 여느 때와 마찬가지로 콜라를 마시며 여자친구들에게 자신들이 저지른 참혹한 짓을 자랑삼아 떠벌이고 다녔다.[3] 요셉의 형들과 마찬가지로, 그들은 자신 안에 존재하는 증오심과 자신들이 저지른 범죄에 대해 무감각한 것처럼 보였다. 분명히 살인자들은 자신들의 폭력 때문에 얼마나 큰 고통이 발생하는지 민감하게 느껴야만 한다. 그렇다면 폭력의 원인이 되는 우리의 시기심과 분노에 대해서는 어떠한가? 우리는 시기심과 분노

---

3 Carlton Stower, *Innocence Lost*, 187-195.

에 대해 얼마나 민감하게 반응하고 있는가?

유다는 족장의 아들이었지만 증오심 때문에 친동생을 팔아버리고 말았다. 교회와 기독교 단체들은 가정이 사랑과 용서의 최후의 보루라고 믿고 있지만, 한 가정이 마치 폭격을 맞은 레바논 베이루트처럼 풍비박산 나게 되는 원인이 가정 안에서 벌어지는 심한 경쟁 때문일 수도 있다는 사실을 명심해야 한다. 하지만 시기나 증오의 근원을 교회나 가족 안에서 찾으려 해서는 안 된다.

우리는 그것을 우리 자신의 마음속 깊은 곳에서 찾아야 한다. 우리는 자신의 교만이나 분노를 얼마나 민감하게 느끼고 있는가? 그리스도를 따르는 사람들은 사심 없는 마음, 겸손, 그리고 사랑이라는 덕목으로 사람들에게 알려져야 하지만, 때때로 나는 다른 충동이 내 마음 깊은 곳에서 꿈틀거리고 있음을 발견한다.

우리 교회 교인 중 한 사람이 어느 날 갑자기 내 서재를 박차고 들어왔다고 생각해보라. 그리고 그가 들뜬 음성으로 맥스 루케이도의 생생한 언어를 통해 참으로 권위 있는 예수님의 모습을, 마치 '살아 계신' 예수님을 만난 것처럼 새롭게 이해할 수 있었다고 말한다면, 나는 어떤 반응을 보일 것인가? 속으로 '제가 6개월 전에 그와 똑같은 말을 했었는데, 왜 그때는 귀를 기울이지 않았나요?' 라고 응답해야 하나?

혹은 주일 낮 예배 때 히브리서 6장의 메시지를 전하느라 모든 열정을 쏟아 부었는데, 어떤 사람이 지나가면서, "화요일 밤에 스윈돌의 설교를 들어보셨나요? 그는 '삶에 대한 통찰력'으로 히브리서를 꿰뚫고 있었습니다. 그 본문에 대한 설교를 스윈돌만큼 잘하는 사람을 보지 못했습니다"라고 말한다면, 나는 무슨 말을 해야 하나?

시기심과 분노는 마음속의 성소를 순식간에 악취 나는 돼지우리로 만들어버린다. 자신의 진가를 제대로 평가받지 못하다고 느낄 때, 다른 사람의 성공을 보고 배가 아플 때, 다른 형제가 유독 편애를 받고 있다고 생각될 때, 우리는 과연 어떻게 행동하는가?

애써 신앙심에 불을 지피면서 마음속에서 피어오르는 시기와 거부감을 없애려고 한다고 그것들이 사라지는 것은 아니다. 시기심과 심각한 상처로 생겨난 적의는 종종 혼자 있고 싶어 하거나, 아무 말도 하지 않으려 하거나, 어디론가 떠나버리고 싶어 하는 마음으로 위장되어 나타나기도 한다. 우리는 이러한 속임수에 속아 넘어가서는 안 된다. 고통의 쓴 뿌리가 마음속에 돋아나려 할 때, 그것들을 죄라고 명백히 규정해야 한다. 멀리 떨어진 도단에서 잠시 쉰다고 해서 유다의 마음속에 있는 도화선이 끊어지는 것이 아니다. 우리가 시기심을 분명하게 인정하고 드러내지 않는다면 그것이 우리의 뼈를 썩게 만들 것이다(잠 14:30). 시기심은 그리스도를 죽였던 동기(마 27:18), 바울을 핍박했던 동기(행 13:45; 빌 1:15), 그리고 구세주에게서 돌아선 모든 사람들을 노예로 삼으려는 동기처럼(딛 3:3) 분명하게 드러나야 한다. 거만한 종교적인 분노로 인해 다소의 사울은 그리스도인들을 죽이려고 했다. 개인적인 경험을 통해 마음속에 품은 분노의 힘을 알게 된 바울은 디도서 3장 4-7절과 로마서 12장 3절에서 그 치유 방법을 제시하고 있다.

"우리 구주 하나님의 자비와 사람 사랑하심을 나타내실 때에 우리를 구원하시되 우리의 행한 바 의로운 행위로 말미암지 아니하고 오직 그의 긍휼하심을 좇아 중생의 씻음과 성령의 새롭게 하심으로 하셨나니 성령을 우리 구주 예수 그리스도로 말미암아 우리에게 풍성히 부어주사 우리로 저의 은혜를 힘입어 의롭다 하심을 얻어 영생의 소망을 따라 후사가 되게 하려 하심이라"(딛 3:4-7).

"내게 주신 은혜로 말미암아 너희 중 각 사람에게 말하노니 마땅히 생각할 그 이상의 생각을 품지 말고 오직 하나님께서 각 사람에게 나눠주신 믿음의 분량대로 지혜롭게 생각하라"(롬 12:3).

경쟁으로 인한 증오는 하나님의 자비하심과 그분이 주시는 궁극적인 유업을 잊어버릴 때 고개를 쳐든다. 유다는 아브라함, 이삭, 야곱의 하나님이 자신과는 함께하지 않는다고 생각했다. 요셉이 꾼 예언적인 꿈 때문에 그는 자신의 권리를 빼앗기게 될 것이라고 판단했다. 그러나 실제로 요셉의 꿈은 유다를 파멸시킨 것이 아니라 오히려 그의 생명을 구했다. 전 우주를 다스리시는 하나님께서는 잘못을 캐묻기 좋아하시는 분이 아니라 한없이 자비로운 분이시다. 이 사실을 우리는 확실히 믿고 있는가?

하늘에 계신 하나님 앞에 나아가는 당신의 모습을 상상해보라. 당신이 하나님 앞에 설 때, 하나님께서 어떤 반응을 보이실까? 팔짱을 낀 채 인상을 찌푸리실까? 그것은 진정한 아버지의 모습이 아니라 참 하나님을 경배하는 당신의 마음을 뒤엎어버리고자 하는 찬탈자 우상의 모습이다. 시기심을 포함한 모든 죄의 근원은 다음과 같은 뱀의 거짓말에서부터 시작된다. "하나님은 너와 함께 계시지 않는다! 그는 네게 가장 유익한 것이 무엇인지에 대해서 별로 관심도 없다. 안중에 두지도 않는다."[4]

다른 사람들에 대한 우리의 적개심을 극복하는 첫 번째 단계는 창조주를 향한 우리의 적개심을 다루는 것이다. 십자가는 우리를 향한 하나님의 의로운 분노를 제거해주었다. 그러므로 우리는 눈과 귀를 크게 열고 그 사랑을 받아들여야 한다. 우리를 사랑하신다는 하나님의 말씀이 결코 거짓이 아님을 믿어야 한다.

---

4 사단의 첫 번째 유혹은 하와를 꾀어 하나님의 선하심에 대해 의구심을 갖게 한 것이다. 창세기 3장 1, 5절을 보라.

두 번째로, 우리는 하나님의 자녀들의 공동체 안에 정해진 우리의 자리를 받아들여야 한다. 유다는 하나님께서 요셉을 지도자로 세우신 것을 거부했다. 그는 자신이 지도자가 되어야 한다고 생각했다. 바울은 이런 함정에 빠진 사람들을 '마땅히 생각할 그 이상의 생각을 품은 사람'(롬 12:3)이라고 지적했다.

성경적인 기독교는 팀 경기에 비유할 수 있다. 뛰어난 스타들이 개인적으로 경쟁하는 마스터즈 경기가 아니다. 시카고 불스 팀의 세계적인 스타 마이클 조던이 팀 원리를 증명해주었다. 그가 처음 NBA(National Basketball Association: 미국 프로농구 협회)에 들어왔을 때, 그는 개인 득점에서 선두를 차지했다. 그러나 얼마 전 불스 팀과 보스턴 셀틱스 팀의 경기를 텔레비전을 통해 보았을 때는 달랐다. 마이클 조던이 그 경기에서 올린 득점은 간신히 두 자리 숫자를 넘었을 뿐이었다. 대신 그는 자신의 기술을 이용해 동료 선수들과 조화를 이루면서 팀플레이를 이끌었다. 화려한 패스, 효과적인 어시스트, 몸싸움을 마다하지 않는 거친 수비 등을 훌륭하게 수행했다. 게임이 끝났을 때 그가 올린 득점은 신인 시절의 평균치보다 훨씬 낮았다. 하지만 정말 중요한 최종 경기 스코어는 그가 팀의 일원으로 충실히 뛰었을 때 시카고 불스를 당해낼 팀은 없을 것이라는 사실을 여실히 증명해 주었다.

과연 언제쯤이나 그리스도의 각 지체들이 개인적인 업적이나 지위에 연연하지 않고 모두 하나가 되어 우리 영혼의 대적자와 싸울 수 있을까? 우리가 맡은 포지션에 충실하면서 다른 사람이 맡은 포지션을 탐내지 않게 될 때는 언제일까? 그때가 되어야만 우리는 유다가 갖고 있던 그런 시기심과 분노에서 벗어날 수 있다. 그래야 서로를 구덩이에 내던져버리는 짓거리를 그만두게 된다.

디도서 3장 4-7절과 로마서 12장 3절을 다시 읽으면서, '자비', '사랑', '은혜', '긍휼'이라는 단어에 밑줄을 그어라. 그리고 '하나님 아버지'께서 우리를 사랑하신다는 표현에 주목하라. 이것이 바로 우리 마음속에 있는 쓴 뿌리를 치료할 수 있는 유일한 길이다.

세 번째로, 우리는 앞장에서 배웠던 궁극적인 꿈을 잊지 말아야 한다. 하나님 아버지께서는 결코 우리를 속이지 않으시는 분임을 굳게 믿어야 한다. 우리에게는 상속받을 유산이 있다! 우리의 소망은 영생이고, 우리에게 주어진 약속은 절대적으로 신뢰할 만하다(딛 3:8).

하지만 구약의 탕자인 유다는 그 꿈을 파괴해버리고, 하나님과 아버지를 떠나서 창기와 죽음이 있는 땅으로 들어가버리고 말았다.

제 2 부
인생의 구렁텅이

## 04
## 창기, 그리고 약속

"그 후 며칠이 못 되어 둘째 아들이
재산을 다 모아 가지고
먼 나라에 가
거기서 허랑방탕하여
그 재산을 허비하더니"
(눅 15장 13절)

**제이슨은** 교회 안에서 착실한 아이로 성장했다. 성경암송대회를 휩쓸다시피 했고, 여름성경학교 캠프에 꼬박꼬박 참석했으며, 주일학교에도 빠지는 법이 없었다. 십대였을 때 그는 줄곧 학생회 리더를 도맡아 하기도 했다. 경건한 그의 부모님은 그가 교회생활을 열심히 하는 것을 보고 크게 기뻐했다. 18살이 되자 그는 대학에 진학해서 처음으로 집을 떠나게 되었다. 대학 2학년 때 '비교종교학 개론'이라는 과목이 그의 관심을 끌었고, 예일대학에서 철학박사 학위를 받은 그 과목 담당 교수는 그의 기대를 충족시켜 주었다. 제이슨은 그 교수에게서 '현대불교론', '힌두사상 속의 신비주의', '신화적인 상징의 공통분모들' 등의 과목을 더 들었고, 그 영향으로 그의 생각은 점점 변해가기 시작했다. 결국 그는 성경의 내용을 곧이곧대로 믿는 부모님의 신앙을 너무나 순박한 것으로 여기게 되었고, 교수의 해박한 지식에 비추어보면 너무나 원시적인 수준에 머물러 있는 것으로 치부해버리게 되었다. 제이슨은 대학이 추구하는, 보다 관대하고 '정치적으로 올바른' 가치관에 점점 물들어갔다. '절대적인 도덕률은 없다.' '종교의 가치는 역사적인 사실과 얼마나 일치하느냐 하는 것과는 상관이 없다. 그것은 사람들의 마음에 평정을 가져다줄 수 있느냐에 의해 판단되어야 한다.' '기독교는 개인이 선택할 수 있는 수많은 종교적 신념 가운데 하나에 불과하다.' 이러한 진보적인 구호와 함께 제이슨은 예수님과 하나님의 백성에게서 점점 멀어져갔다.

대학 4학년이 되었을 때, 제이슨은 아름다운 회화과 여학생과 사귀게 되었다. 그들은 얼마 동안 데이트를 하다가 2학기부터 동거하기 시작했다. 그리고 졸업을 하자마자 치안판사 앞에서 결혼식을 올렸다. 제이슨은 그녀에게 예수님을 어떻게 생각하는지 물어본 적도 없었다. 그녀는 예술 작품에 나타난 아름다움과 기교만을 숭상할 뿐이었다. 제이슨이 과거에 가졌던 복음적인 신앙은 바쁜 일상과 가정생활 속에 깊이 파묻혀버리고 말았다.

제이슨의 경우처럼 하나님의 자녀들이 그분의 품을 떠나 방황할 때 무슨 일이 벌어질까? 그 결과는 무엇일까? 하나님의 계획에 어떠한 영향을 미칠까?

구약의 탕자라 할 수 있는 유다의 말을 들어보자. 그래서 그의 삶이 위 질문들에 어떻게 답하고 있는지 알아보자. 그의 이야기는 건전한 월트 디즈니 영화의 소재로 쓰이기에는 적합하지 않을 것이다. 갑작스러운 의문의 죽음, 창녀, 인간적인 욕정 등의 소재로 장식된 창세기 38장은 영화로 말하자면 18세 이하 관람불가 등급감이다. 그런데도 하나님께서는 이 이야기를 거룩한 성경에 포함시키셨다. 만일 성경 전체가 하나님의 영감으로 기록된 말씀이라고 믿는다면, 우리는 이 이야기도 소홀히 여겨서는 안 된다. 잠시 멈추어서 주의 깊게 들어보자. 폭력과 부적절한 성행위가 난무하는 이 사건 속에서 우리는 '**놀라운 은혜**'(amazing grace)의 진수를 발견할 수 있을 것이다.

## 치명적인 결과

**헤**브론을 떠나는 것은 고통스러운 일이었습니다. 하지만 진실을 숨긴 채 매일 아버지의 근심어린 얼굴을 바라보면서 살아가는 고통은 더 참을 수 없었습니다. 결국 나는 집을 떠났습니다. 헤브론 산지를 벗어나 북쪽으로 이동했습니다. 그리고 가나안 족속이 살고 있는 쉐펠라 동쪽 지역에 정착했죠. 우리 가족은 대대로 가나안 족속을 적대시해야 한다는 가르침을 받으며 자랐습니다. 특히 가나안 여인들을 조심해야 된다고 교육받았습니다. 어렸을 때부터 나는 "가나안 여인들을 조심해라! 그들을 만나지도 말고, 말을 건네지도 말아라!"라는 말을 수없이 들었습니다. 아버지는 나에게 "가나안 사람들을 만나면 너는 죽게 된다!"고 가르쳤습니다. 하지만 그들을 친구로 삼고 그들과 사랑을 나누었어도 나는 아무런 해도 받지 않았습니다.[1]

내가 형제들 곁을 떠났을 때, 가나안 사람 히라가 나를 맞아주었습니다. 그는 예루살렘과 라기스 사이로 나 있는 큰길가의 자그마한 마을인 아둘람에 살고 있었습니다. 우리는 곧 친구가 되었고, 그는 나에게 그들의 관습과 문화를 소개해 주었습니다. 나는 그의 집에서 몇 주간 머물렀는데, 어느 날 수아라는 친구가 우리를 저녁식사 자리에 초대했습니다. 저녁식사 메뉴로 내온 구운 돼지고기는 아주 훌륭했습니다. 하지만 내 마음을 사로잡은 것은 그게 아니었습니다. 수아의 딸이었습니다. 나는 그녀를 보고 나서 그녀에게 완전히 빠져버렸습니다. 그녀의 짙은 눈매는 나의 젊은 피를 들끓게 만들었죠. 다행히 가나안 지방의 결혼 관습은 그리 까다롭지 않았습니다. 그래서 지체하지 않고 그녀를 아내로

---

1 창 9:25; 24:3; 28:1을 보라.

삼았습니다. 너무나 기뻤죠. 그녀는 곧 아기를 가졌고, 엘과 오난이라는 두 아들을 일찌감치 내게 안겨주었습니다. 아버지와 하나님을 떠난 나의 삶은 적어도 첫 아들인 엘이 성년으로 자라기까지는 아무 문제가 없는 것처럼 보였습니다.

나는 며느릿감으로 다말이라는 여자를 선택했습니다. 그녀가 아들 엘에게 완벽한 아내로 보였기 때문입니다. 일주일 동안 결혼 잔치를 베푸는 데 내 양 떼의 십분의 일이 날아가버렸지만, 아들과 며느리의 위신을 세워주기 위해서는 그 정도 값은 치러야 한다고 생각했습니다. 그런데 얼마 지나지 않아 이상한 소문이 들려오기 시작했습니다.

"엘이 딤나에서 온 여자와 함께 있는 것을 보았나요?" "아마 아내에 대해 뭔가 불만스러운가 봐요!" "양털을 깎는 곳에서 벌어진 싸움에 대한 이야기를 들었어요? 엘이 드빌을 반쯤 죽여 놨대요." "싸움을 직접 본 사람들의 말에 의하면, 엘이 무척이나 난폭하고 잔인했대요."[2]

저는 그런 소문을 그다지 심각하게 여기지 않았습니다. 그런데 갑자기 엘이 죽어버리고 말았습니다. 하나님의 진노의 손길이 엘을 치신 듯했습니다(창 38:7).

---

2 창세기 38장 7절에 사용된 히브리어 '라'(ra)는 창세기 6장 5절에서 홍수로 심판받을 사람들의 사악함을 표현하기 위해 사용된 용어와 같은 단어이다. 창세기 19장 7절에서는 멸망당하기 전의 소돔 사람들의 폭력성과 동성애를 특징짓는 용어로 사용되기도 하였다.

당시 관습에 의하면 어떤 남자가 아들이 없이 죽었을 경우에 가장 가까운 남자 친척이 그 미망인과 결혼하여 아들을 낳아서 그 죽은 남자의 대를 잇게 해야 했습니다.[3] 나는 둘째 아들 오난에게 동생으로서 해야 할 바를 알려주었습니다. 그 녀석도 이미 그런 관습을 알고 있었기에 애도의 기간이 끝나고 나서 적당한 때가 되었을 때, 다말과 동침을 했습니다.

그런데 뭔가 이상했습니다. 여러 번 동침을 했기 때문에 다말에게 아기가 진작 생겼어야 하는데, 몇 달이 지났는데도 전혀 소식이 없었습니다. 그런 와중에 또 사건이 터지고 말았습니다. 오난이 다말과 동침을 하다가 그녀의 팔에 안긴 채 죽어버린 것입니다. 나는 내 며느리가 우리 집안에 저주를 가져오는 마녀일 거라고 생각했습니다. 나의 셋째 아들 셀라가 어른이 되면 형의 대를 잇도록 해주겠노라고 다말에게 약속한 후에 그녀를 친정집으로 돌려보냈습니다. 이 방법이야말로 우리 집에 깃든 저주를 몰아내고, 남은 아들을 거미 같은 여인에게서 보호할 수 있는 유일한 길이었습니다. 몇 년 후에 나는 오난이 왜 죽었는지 그 이유를 다말에게서 들었습니다(창 38:9). 오난은 그저 자신의 육체적인 욕심만을 채우기 위해 다말과 동침했던 것입니다. 그녀를 통해 아들

---

3  신명기 25장 5-10절과 룻기 4장 5-10절을 비교해보라. 이러한 관습은 애굽, 헷 족속, 그리스인들 사이에서 공통적으로 나타나는 관습이었다.

을 낳게 되면 자신의 후손이 아니라 형의 후손이 된다는 사실을 알았던 그는 아이를 갖게 하지 않도록 수를 썼던 것입니다. 신체적인 문제 때문에 아이가 생기지 않은 것이 아니었고, 오난의 이기적인 냉혹함에 그 원인이 있었습니다.

나는 중년의 나이에 겪은 충격적인 일들 – 두 아들의 죽음, 곧이은 아내의 죽음 – 때문에 가나안에서의 생활이 지긋지긋해졌습니다. 친구 히라가 다시 내게 위로의 손길을 뻗어왔습니다. "유다, 자네는 몇 개월 동안이나 슬픔에 젖어 있지 않았는가. 마침 양털 깎는 철이 되었으니 나와 함께 딤나로 올라가서 양털 깎는 일을 하도록 하세. 일을 다 마치고 저녁이 되면 잔치도 벌어진다네. 지금 자네에게 꼭 필요한 건 바로 그런 유쾌한 잔치라네." 히라가 열심히 나를 권하였기에 나는 조금 생기가 도는 듯했고, 결국 함께 길을 나섰습니다.

저녁이 되었을 때, 나는 창기처럼 보이는 여성이 에나임 문에 앉아 있는 것을 보았습니다. 얼굴은 베일로 가렸지만, 아주 우아해 보이는 여자였습니다. 갑자기 내 마음속에 욕망의 불길이 타올랐습니다. 나귀를 몰고 그 문을 통과하면서 우리는 그녀를 향해 몸을 돌이키고는 장난치듯 큰소리로 말했습니다. "당신과 함께 하룻밤 보낼 수 있게 해주겠나?"

그녀는 얼굴을 베일로 가리고 있어서 뭔가 비밀에 싸여 있는 것처럼 보였습니다.

"내게 무엇을 줄 거죠?"

"염소새끼를 주지."

"미안하지만, 말만 듣고는 당신의 청을 받아들일 수 없습니다. 나는 당신에게 염소가 있는지 없는지도 모르니까요. 당신을 어떻게 믿을 수 있겠어요? 염소를 가져오기 전에는 안 됩니다."

"담보물로 무엇을 주면 만족하겠나?"

"도장과 당신 목에 둘러 있는 끈, 그리고 독특한 문양이 새겨진 당신의 지팡이를 담보물로 주실 수 있나요?"

그녀는 담보물을 받고서야 내 손을 잡고 위층에 있는 방으로 들어갔습니다. 낯선 도시, 희미한 불빛, 베일로 얼굴을 가린 신비로운 여인, 그 모든 것이 내 열정을 불타오르게 만들었습니다. 몇 달 동안 나를 짓누르던 슬픔은 그 열정으로 인해 불타 없어져버렸죠. 그 밤이 끝날 무렵, 그녀는 한 마디 말도 없이 침대에서 일어나더니 옷을 주워 입고 베일로 얼굴을 가리고는 어둠 속으로 사라져버렸습니다.

'얼마나 황홀했던 순간인가! 게다가 히라 외에는 이 사실을 알고 있는 사람도 없다.'

집으로 돌아오는 길에 히라는 내 대신 염소새끼를 전해주고, 담보물로 준 도장과 지팡이를 찾아오겠다고 했습니다. 그런 일은 당사자가 서로 얼굴을 맞대고 처리하기에는 좀 껄끄러운 문제였기 때문입니다. 히라는 그녀를 찾기 위해 성 안을 샅샅이 뒤졌습니다. 그래도 찾지 못하자 그는 사람들에게 매춘부가 있는 곳이 어디인지 물었습니다. 하지만 사람들은 한결같이 이렇게 대답할 뿐이었습니다. "우리 마을에는 매춘부가 없습니다."

히라는 불안해하는 나를 안심시켜 주었습니다. "유다, 자네는 할 수 있는 일은 다 했네. 아마 그 여자는 매춘부가 아니라 그저 하룻밤의 쾌락을 원했던 여자인 것 같네. 남편에게 버림받은 여인이었을 수도 있지. 그래서 얼굴을 그렇게 가리고 있었던 모양일세." 결국 우리는 내 사적인 문제가 드러나지 않기를 바라면서 그 문제를 더 이상 거론하지 않기로 약조했습니다. 어느 누가 사람들의 웃음거리가 되기를 자처하겠습니까?

3개월이 흘렀지만 아무 일도 벌어지지 않았습니다. 나는 더 이상 문제가 되지 않으리라 여겼기에 그 일을 까맣게 잊어버렸습니다. 그런데 어느 날, 내 귀에 이런 소식이 들렸습니다. "당신의 자부인 다말이 임신했습니다."

똑같은 죄를 저지른 한 사람이 다른 사람을 엄하고도 무섭게 심판할 수 있다는 것은 도저히 이해할 수 없는 일입니다. 그런데 내가 그런 말도 안 되는 일을 저지르고 말았습니다. 나는 매춘부와 하룻밤을 보냈지만, 그 사실을 알고 있는 사람은 아무도 없습니다. 반면에 다말은 부적절한 관계를 맺었고, 그녀의 불러오는 배가 그 사실을 증명하고 있었습니다.

"그녀를 끌어내어 불살라라!"

내가 어쩌면 그렇게도 빨리 그런 명령을 내렸는지 나 자신도 이해할 수 없습니다.

언제나 볼거리가 있으면 사람들이 몰려들기 마련입니다. 사람들은 다말이 아버지의 집에서 끌려 나와 불태워지는 광경을 구경하려고 몰려들었습니다. 그녀를 끌고 나온 사람들이 그녀의 옷을 벗기려고 할 때, 그녀는 옷 안에서 어떤 물건을 꺼내어 사람들 앞에 보였습니다. 그리고는 그녀의 침상 밑에 숨겨 놓은 지팡이를 가져오게 했습니다. 지팡이를 가져오자 그녀는 이렇게 말했습니다. "이것을 시아버님께 갖다주세요. 그리고 이 물건의 주인이 바로 제 뱃속에 있는 아이의 아버지라고 전해주세요."

나는 정말 쥐구멍에라도 숨고 싶은 심정이었습니다. 나는 내 지팡이와 도장을 한눈에 알아보고 나서 모든 전후사정을 짐작할 수 있었습니다. 그 당시에 내 막내아들 셀라가 다 큰 청년이 되었는데도 나는 다말과 셀라를 결혼시키지 않고 있었습니다. 다말은 더 기다려도 내가 그렇게 하지 않을 작정이었음을 알았죠. 그래서 그녀가 죽은 남편의 대를 이을 아이를 가질 수 있는 유일한 방법은 나를 통한 방법뿐이었습니다. 수혼(嫂婚)법에 의하면 죽은 사람의 가장 가까운 친인척이 그를 대신해서 대를 이어야 하는데, 셀라를 제외하면 내가 제일 가까운 인척인 셈이니 내게 그 책임이 있었던 것입니다. 그래서 그녀는 자신이 취할 수 있는 계략을 꾸몄고, 결국 성공을 거둔 것입니다.

"네가 나보다 옳다!" 나는 이 말밖에 할 수 없었습니다.

나는 결국 그녀를 집으로 데려와 보살펴주었습니다. 그렇지만 결코 그녀와 잠자리를 함께 하지는 않았습니다(창 38:26).

6개월 후에 다말은 쌍둥이를 낳았습니다. 세라라고 이름 붙인 아이가 먼저 나오는 듯했습니다. 그런데 베레스가 그 사이를 터치고 나오는 바람에 장자가 되었죠.[4] 그 어린 아기들이 내 집에서 자라나는 것을 흐뭇하게 보았지만, 나는 하나님께서 그토록 복잡하고 떳떳치 못한 상황에서 출생한 베레스를 통해서 왕의 가문을 일으키시고 메시아를 보내시리라고는 꿈에도 생각지 못했습니다. 모든 것이 **놀라운 은혜(amazing grace)**, 그 자체였습니다! 우리 이야기의 결말이 얼마나 놀라운지 벌써 말해버리고 말았군요.[5]

---

4 '베레스'는 히브리어 동사 '터치고 나오다'와 발음이 비슷하다. 유다의 후손들 가운데 베레스의 후손이 우선권을 차지하게 되었다. 창 46:12; 민 26:20-21을 보라.
5 창 49:10을 보라. 룻 4:18-22과 비교해보라.

### 오늘을 위한 적용

유다가 겪었던 사건을 살펴보면, 하나님을 섬기는 가정의 울타리를 벗어나 가나안 사람들과 적절치 못한 관계를 맺은 결과가 어떠한 것인지 아주 실제적으로 볼 수 있다. 어떤 종교 단체는 고립주의적인 성향을 띠지만, 성경은 그리스도를 따르는 사람들에게 불신자들과 관계를 끊으라고 명령하지는 않는다. 예수님도 아버지 하나님께 우리를 이 세상에서 데려가시도록 간구하지는 않으셨다(요 17:15). 대신 우리는 이 세상에 속하지 않으면서 이 세상 속에서 살아야 한다. 우리는 불신자들과 함께 일하고 공부하고 즐겁게 지내야 한다. 예수님도 많은 사람들과 함께 생활하셨다. 특히 세리와 죄인들의 친구가 되어주셨다. 그래서 자신을 비방하려는 사람들에게 비난을 받기도 하셨다(마 11:19). 불신자들과 진실한 관계를 맺는 것은 그들에게 복음을 전할 수 있는 귀중한 다리역할을 할 수 있다. 단지 '누가 주도권을 잡고 있느냐?'가 문제가 되는 것이다.

유다는 가나안 사람들에게 갈 때 메시아의 약속을 품고 간 것이 아니었다. 오히려 가나안 족속이 유다에게 이교주의의 유혹의 손길을 뻗으며 다가왔다. 유다가 히라와 친분관계를 맺음으로써 유다는 가나안 여인을 소개받게 되었고, 가나안 여인과 관계를 맺지 말라는 아버지의 경고는 어느 순간엔가 유다의 머릿속에서 사라져버리고 말았다. 우리는 유다를 보면서 경고를 받아야 한다. 불신자들과 '친분관계'를 맺고 '친구'가 되는 것은 큰 문제가 없지만 그들의 사악한 마음을 본받아서는 안 된다. 성경의 가르침은 명백하다. "너희는 믿지 않는 자와 멍에를 같이 하지 말라"(고후 6:14). 이 가르침은 불신자와 함께 죄를 저지르게 만들 수 있는 모든 관계에 광범위하게 적용되지만, 특히 결혼 관계에 더 엄격하게 적용된다. 우리는 '주 안에서만' 결혼을 해야 한다(고전 7:39). 두 사람이 한 마음이 되지 못한다면 함께 일할 수 없는 것은 자명한 이치이다. 두 사람 사이의 관계를 오래 지속시킬 수 있는 힘은 똑같은 신념을 공유하는 데 있다. 예수님이 두 사람의 관계 중심에 계신다면, 그분이 결혼관계를 붙들어주신다. 그렇지 않으면 자만과 이기심이라는 강력한 힘에 눌려 결혼관계는 끊어지고 만다. 만일 한 사람은 예수님을 사랑하는데 그 배우자는 그분에게 관심이 별로 없다면, 그들 사이에 틈이 점점 벌어지게 된다. 부부의 관계를 견고하게 유지시켜 주시는 주님이 오히려 불화의 원인이 되고 마는 것이다. 어처구니없는 일이 아닐 수 없다.

얼핏 보기에는 하나님을 믿지 않는 여인과 결혼생활을 해온 유다에게 오랫동안 아무런 일도 일어나지 않은 것처럼 보일 수도 있다. 그렇지만 그 가정에서 태어난 자녀들이 행악에 치우친 자들이 되고 말았다. 원래 신실한 신앙인이었던 젊은이는 어쩌다 탕자의 길로 빠졌다고 하더라도 영적인 유산이 그 마음속에 어느 정도 남아 있기 마련이다. 그 유산 때문에 도덕적인 성품이 유지되는 것을 볼 수 있다. 하지만 그 자녀들은 어떤가? 영적인 훈련을 전혀 받지 못한 그 자녀들은 아무 거리낌 없이 악의 구렁텅이로 쉽게 빠져들어 가고 만다.

유다의 경험은 우리에게 강력한 경고를 주고 있다. 죄의 대가는 죽음뿐이다. 엘과 오난은 자신들의 사악함 때문에 죽었다. 그런데도 유다는 두 아들이 죽은 이유를 깨닫지 못했다. 유다는 자신이 하나님을 떠난 사람들과 함께 살고 있다는 것과 하나님께 참된 경배를 하지 않고 있다는 것, 그리고 인생의 주관자 되신 분에게서 도망치고 있다는 것을 깨달았어야 했다. 그런 삶을 선택한 유다에게 예정된 결과는 죽음이었다. 그는 장자 엘의 성품이 어땠는지 알고 있었다. 엘의 악한 성품은 널리 알려진 사실이었다. 둘째 아들 오난은 여성을 이기적인 생각으로 이용하기만 했고, 일부러 형의 상속자가 될 아기가 생기지 않게 했고, 육신의 만족만을 추구하려 했던 난봉꾼이었다. 그러나 유다는 자식들의 그런 죄는 덮어둔 채, 오히려 지저분한 사건으로 범벅이 된 상황 속에서 유일하게 정직한 사람이었던 다말을 비난하였다.

그의 행동은 우리가 하나님을 떠났을 때 우리의 사고가 심각하게 왜곡된다는 진리를 보여준다. 우리가 하나님을 떠나 방황할 때, 나쁜 결과가 우리에게 찾아오기 시작한다. 다른 사람들을 비난하지만 진실을 올바로 보지 못하게 된다. 나 자신과 내 가족의 잘못에 대해서는 눈이 멀게 된다. 우리를 훈련시키시는 하나님께 우리가 그런 식으로 반응하는 경향이 있다. 그러므로 우리가 하나님과 화목하기 위해서는 먼저 눈을 열고 자신의 사악한 마음을 직시해야만 한다.

**"은혜의 자리로 나아가는 첫걸음은 정직해지는 것이다."**

유다는 자신이 저지른 일이 백일하에 드러나게 되자, 그제야 진실을 고백했다. 그렇지만 유다의 이야기는 하나님의 심판의 본보기 이상의 의미를 담고 있다. 그것은 오히려 희망의 메시지이다. 하나님께서 죽음, 창기, 그리고 위선이 뒤섞인 이 추잡한 사건 속에서 메시아를 보내실 길을 여셨다면, 그분은 능히 그 어떤 탕자의 인생도 놀라운 구원의 드라마로 결론 맺게 하실 수 있다. 그러므로 자신의 죄를 숨기지 말고, 진실 앞에 바로 서서, 어린아이처럼 예수님을 전적으로 신뢰할 수 있는 여지가 우리에게 아직 남아 있다.

이 장이 시작될 때 소개했던 제이슨을 기억해보자. 그는 한때 성경 암송에 열심일 정도로 신실한 신앙인이었지만, 대학에 들어

가서 불가지론자가 돼버리고 말았다. 그렇지만 그는 아직 본향으로 돌아올 수 있다는 사실을 기억해야 한다. 유다 이야기가 그에게 꼭 필요하다. 하나님을 떠난 방황, 불신자와의 결혼, 부도덕한 행위, 자신의 죄를 숨기고 다말을 비난한 위선, 이 엄청난 죄악들도 유다를 약속의 자녀로 삼으시려는 **하나님의 놀라운 은혜**를 무효화시킬 수는 없었다.

---

"이 내 아들은 죽었다가 다시 살아났으며 내가 잃었다가 다시 얻었노라 하니 저희가 즐거워하더라"(눅 15:24).

# 05 주인의 아내

"네 마음에
그 아름다운 색을
탐하지 말며
그 눈꺼풀에 홀리지 말라"
(잠 6장 25절)

**잭은** 법률회사의 신참 변호사였다. 예일 대학에서 법학을 전공한 그의 학력은 동료들의 부러움을 받기에 충분했다. 특히 달라스에 있는 법률회사 사장인 리처드 포사이드가 그에게 상당한 관심을 보였다. 잭은 학교를 졸업할 무렵 보스턴, 뉴욕, 로스앤젤레스 등 전국 각지의 큰 회사로부터 입사 제의를 받았다. 그러나 리처드는 잭에게 달라스에서 일해야 한다고 계속 권유했다. 그는 잭을 영입하기 위해 상당한 금액의 연봉을 제시했다. 결국 잭은 그 제안을 받아들였고, 달라스에서 일을 시작했다.

대학 시절, 잭은 아이비리그(미국 동부에 있는 8개 명문 사립대학의 총칭)의 공부벌레들 틈에서 뒤떨어지지 않기 위해 많은 땀과 노력을 쏟아부어야 했다. 그 와중에 그는 매일 운동을 함으로써 정신적인 압박과 스트레스를 해소하곤 했다. 대학을 졸업하고 전문직 일을 하고 있는 지금까지 매일 운동하는 그의 습관은 계속되고 있다. 그는 오후 늦게 30분 정도 시간을 내어 수영장 레인을 20번 왕복하고, 저녁식사는 간단하게 했다. 그러면 새벽 한두 시까지는 무리 없이 사건 서류를 조사할 수 있었다. 게다가 운동으로 단련된 떡 벌어진 근육질의 어깨와 군살 없는 허리는 그가 배심원들 앞에서, 특히 여성 배심원들 앞에서 최후 변론을 할 때, 자신감과 여유를 심어주었다.

어느 금요일 오후 4시, 잭이 첫 번째로 맡은 큰 사건의 판결을 내리기 위해 배심원들이 법정으로 들어왔다. 판결과 동시에 의사봉 소리가 울려 퍼졌다. 그의 승리가 결정된 순간이었다. "축하하네! 일요일 밤에 우리 집에서 축하 파티를 했으면 하는데, 와줄 수 있겠지? 내 아내 데보라도 그러길 바라고 있네." 리차드 포사이드의 이 제안은 자신이 고용한 신참 변호사의 승리를 정말 자랑스럽게 여긴다는 표현이었다. 파티? 이제까지 그가 직접 파티를 마련한 적은 거의 없었다. 그는 잭의 승리를 축하하기 위해 전 직원을 파티에 초대했다. 그 파티에는 물론 포사이드 부인도 참석했다. 우아하게 차려입은 포사이드 부인은 십대 자녀를 둘이나 둔 서른여덟의 여성으로 보기에는 너무나 아름다웠다. 잭은 자신의 첫 번째 성공을 축하해주는 그녀의 친절함이 고마웠기에 그녀가 저녁 내내 자신에게 눈길을 자주 건네는 것을 전혀 이상하게 여기지 않았다.

11시가 되어 대부분의 손님들이 돌아갔을 때, 리차드는 옷장에서 잭의 외투를 꺼내왔다.

"잭, 나는 새벽 5시 반 특별기 편으로 뉴욕으로 갈 계획이네."

잭은 로비에서 외투를 받아 입으면서 자신을 위해 특별 파티를 마련해 준 리차드에게 고마운 마음을 전할 적절한 말을 찾고 있었다.

"저를 달라스로 데려와주셔서 감사합니다. 게다가 이렇게 멋진 파티까지 마련해주셔서 뭐라고 감사의 말씀을 드려야 할지 모르겠습니다."

"별것도 아닌 일 가지고 왜 이러나. 자네는 회사를 위해 소송에서 계속 이기기만 하면 돼. 그렇게 한다면야 자네를 위해 아나톨레 호텔 전체를 빌릴 수도 있네! 그럼 화요일에 사무실에서 보도록 하세."

주말 내내 승리감에 도취되어 있던 잭은 월요일 아침 11시 쯤이 되자, 20개도 넘는 새로운 소송사건 서류에 파묻혀버리고 말았다. 그때 전화벨이 울렸고, 교환원이 전화가 왔으니 받아보라고 전해주었다. 그는 방문을 닫고 수화기를 집어 들었다.

"여보세요, 저 데보라예요. 오늘 점심 같이 하지 않을래요?"

직장인들에게는 일상적인 점심식사 자리와 뭔가 특별한 의도가 담겨 있는 점심식사 자리가 있다. 우리는 그 둘을 잘 구별할 줄 알아야 한다. 잭이 어떻게 대답해야 했을까? 이 약속 뒤에 숨겨진 위험은 무엇일까? 친구들이나 동료들 사이에 지켜야 할 성도덕은 어떤 것이 있을까?

모든 사람들이 수긍할 만한 성적 행동규범을 확정하기 어려운 현대 사회에, 창세기 39장에 나오는 요셉의 경험은 '주인의 아내'가 문제의 원인이 될 때 어떤 행동을 취해야 하는지 그 해답을 제시해주고 있다.

## 종으로서 거둔 성공

나는 도단에서 600킬로미터 떨어진 곳까지 끌려갔습니다. 가사를 지나고 나일 강 삼각주 지역을 건너서 멤피스에 있는 노예시장에 이르렀습니다. 그 동안 내 감정은 두려움에서 분노와 혹독한 외로움으로 바뀌었습니다. '어떻게 형들이 이렇게 잔혹한 짓을 저지를 수 있단 말인가? 아버지에게는 무슨 말로 둘러댔을까? 다시 아버지의 얼굴을 볼 수 있을까? 십대 소년이었던 내 꿈은 애굽의 노예시장 판매대 위에서 산산조각이 나버리고 말았습니다. 나를 그 곳까지 끌고 간 이스마엘 상인들이 한 푼이라도 더 받으려고 하는 바람에 나는 다행히 바로의 일꾼들이 일하는 곳으로 팔려 가지 않았습니다. 그 곳에서는 채찍을 맞으면서 일해야 했습니다. 바로의 관료들이 나일 강 서쪽에 있는 파이윰의 침하된 땅을 메우기 위해 일꾼을 구하고 있었는데, 그들 중 한 사람이 나를 보고서는 25세겔을 주겠다고 제의했습니다. 그렇지만 이스마엘 상인들은 계속 거절했죠. 그 와중에 바로의 시위대장인 보디발이 30세겔을 제시하자, 그들은 돈을 챙기고는 내 등을 거칠게 떠밀어 새 주인에게 넘겨주었습니다. 보디발은 내 팔에 묶인 족쇄를 풀고 나를 데려갔습니다.

  사막 한가운데 있는 이 기름진 땅 위에는 어둠이 빨리 찾아왔습니다. 보디발의 집은 가물가물 타오르는 불빛 때문에 집이라기보다는 신전처럼 보였습니다. 기품이 있는 의자와 식탁, 장롱, 높은 천장과 견고한 벽 등을 보고서 나는 비록 노예의 신분이지만 엄청나게 사치스러운 환경에서 생활하게 되었다고 생각했습니다. 가나안 땅의 염소 가죽으로 된 장막과는 비교조차 할 수 없었죠. 보디발은 내게 매트를 하나 주더니 자그마한 방으로 나를 데려갔습니다.

  이국땅으로 팔려 와서 어둠 속에 혼자 있으려니, 한동안 도망자신세로 살았던 아버지가 생각났습니다. 그나마 위로가 되었습니다. 큰아버지 에서를 피해 도망치던 때의 이야기를 내가 잠들 때마다 머리맡에서 해주시던 아버지의 음성이 들리는 듯했습니다.

"요셉아, 벧엘에서 밤을 지새우게 되었을 때, 나는 돌 하나를 베개로 삼고 잠을 청했단다. 그런데 그 밤이 지난 후에 나는 여호와의 약속을 받은 사람이 되었지. 하나님께서는 '내가 너와 함께 할 것이며, 네가 어디를 가든지 너를 지켜줄 것이다. 내가 약속한 것을 다 이루기까지 너를 떠나지 않을 것이다'라고 말씀하셨단다." 나는 아버지의 얼굴 표정을 생생히 기억하고 있습니다. 아버지는 그 이야기를 굉장히 즐겨 하셨습니다. '내가 너와 함께하겠다!'는 아버지의 꿈은 이제 나의 꿈이 되었습니다. 아버지를 잃어버리고, 형들에게 미움을 사고, 이스마엘 사람들이 휘두르는 채찍질에 몸이 상하고, 멀고 먼 타국에서 노예의 신분으로 있는 몸이지만, 그 어느 것도 나를 여호와의 돌보심에서 끊을 수는 없었습니다. 애굽에서도 나와 함께하시는 하나님이 계셨기에 나는 희망을 잃지 않았습니다.

보디발은 곧 내가 유능한 일꾼이라는 것을 알아보았고, 그에 합당한 대우를 해주었습니다. 내가 애굽의 초서체 문자인 성용 문자를 자유롭게 사용할 정도가 되자, 그는 나를 집안 살림을 책임지는 집사로 삼았습니다. 그리고는 50명이 넘는 종을 모두 내 손에 맡겼죠. 그가 내게 맡긴 일이 모두 잘 되었기 때문에 나는 곧 그를 옆에서 섬기게 되었고, 그의 모든 사적인 일까지 도맡아 하게 되었습니다.

한 번은 그가 웃으며 이렇게 말했습니다. "요셉, 네가 우리 집에 와서 일한 이후로 나와 내 아내가 걱정하는 일이라고는 다음에 무슨 맛있는 것을 먹을까 하는 것뿐이구나. 신들께서 네가 하는 모든 일에 복을 내려주시니 내가 더 이상 걱정할 필요가 없게 되었단다."

"복을 주신 분은 신들이 아니라 하나님이십니다." 저는 이렇게 대답했습니다. 하지만 보디발과 같이 호루스, 세트, 오시리스 같은 이집트의 오만가지 신들을 모두 섬기는 사람은 히브리인들이 섬기는 유일신 하나님을 이해하지 못했습니다. 내 주인은 집에서 무엇을 먹을까 하는 생각에 골몰해 있었지만, 사람이 '떡만으로는' 살 수 없다는 성경의 진리는 깨닫지 못했습니다.

보디발의 아내는 바로가 베푸는 연회의 기름진 음식만으로는 만족할 수 없는 사람이었습니다. 만일 당신이 영화 '클레오파트라'에 나오는 엘리자베스 테일러를 보았다면, 길고 검은 머리, 고양이 눈, 그리고 매끄러운 세마포 가운을 입은 여주인의 모습을 상상해볼 수 있을 것입니다. 그녀가 외모 하나하나에 지나치게 관심을 쏟는 것은 마치 자기에게 관심을 가져달라는 하소연의 표현인 듯했습니다. 바로의 사신이 보디발에게 달려와 급히 궁 안으로 들어오라는 소식을 전했을 때에도 그녀는 아무런 동요 없이 누워 있었습니다. 나는 그날도 정해진 일과에 따라 그녀의 침실을 살펴보았습니다. 그때 침실 안쪽에서 소리가 들려왔습니다.

"이리 들어오너라." 여주인의 음성이었습니다.

내가 침실 안으로 들어갔을 때, 그녀는 구리거울 앞에 앉아서 짙은 화장을 한 눈매를 다듬고 있었습니다. "어떻게 생각하지? 어느 목걸이를 거는 것이 좋을까? 목걸이 거는 것을 좀 도와주렴." 주인의 명령이기에 복종할 수밖에 없었습니다. 나는 안으로 들어가서 목걸이를 걸어주었습니다. 그런데 그녀가 천천히 몸을 돌려 저를 쳐다보고는, "요셉, 너는 내가 본 사람 중에 가장 멋진 남자야"라고 말하더군요. 그녀는 채 정돈이 되지 않은 침상을 가리키며 나를 유혹했습니다. "이리 와서 나와 함께 즐거운 시간을 보내자!"

나는 점잖게 그녀를 밀어내고서, "주인님은 제게 모든 것을 믿고 맡기셨습니다. 하지만 오직 당신만큼은 제 마음대로 할 수 없습니다. 어떻게 제가 주인님의 신뢰를 저버릴 수 있겠습니까? 게다가 저는 하나님 앞에서 그런 죄를 저지를 수 없습니다"라고 단호하게 말했습니다.

그녀는 다시 거울 앞에 앉으면서 쌀쌀맞게 말했습니다. "요셉, 내 말을 진실로 받아들였군. 너는 항상 신앙심이 깊은 사람이었지. 너는 내가 어떤 사람이라고 생각하지? 나를 길거리에 돌아다니는 창녀나 혹은 잔치 자리에서 음악에 맞춰 옷을 벗고 춤을 추는 사람 정도로 생각해? 내가 정말로 셈족 노예와 잠자리를 같이 하고 싶어하는 줄 알았어? 돌아가서 네 볼 일이나 보도록 해!"

 나는 방에서 나왔습니다. 하지만 그 후로 나의 생활은 고달파졌습니다. 그녀는 말은 그렇게 했지만 실제로는 정말 나를 유혹하고 싶어 했고, 그럴 기회를 찾으려고 했습니다. 그래서 나는 그녀와 단 둘이 있는 시간을 피하려고 애썼고, 그녀의 욕망이 식어지기를 바랐습니다. 그녀가 내게 추파를 던지는 것을 보디발은 전혀 눈치채지 못했지만, 다른 종들은 다 알고 있었습니다.

 그런 와중에 신들의 죽음과 부활 의식인 오시리스 의식이 열리는 때가 가까워졌습니다. 보디발과 그의 집에 속한 모든 사람들은 그 의식에 참석하기 위해 아비도스로 떠날 채비를 했습니다. 나는 한밤중에 일어나 여행 준비를 했습니다. 동이 틀 무렵이 되어서는 집안의 모든 사람들이 떠날 준비를 마치고 한자리에 모였습니다. 그때 보디발이 요셉에게 말했습니다. "요셉, 아내가 아프다고 하는구나. 나는 아내를 혼자 버려두고 갈 수가 없다. 그리고 이 축제는 네가 품고 있는 신앙에 위배되는 점도 있으니, 네가 집에 남아서 아내를 잘 보살펴주도록 해라!" 결국 보디발은 길을 떠났고, 나만 홀로 그의 아내와 몇 명의 여종과 함께 집에 남게 되었습니다.

나는 집으로 들어가 내가 해야 할 일을 시작했습니다. 그런데 갑자기 누군가가 내 어깨를 세게 잡아채고는 나를 바짝 끌어당겼습니다. 여주인이었습니다. "지금 이 곳에는 우리 둘뿐이야. 그리고 아무도 몰라! 나와 사랑을 나누자!"

이번에도 나는 단호하게 거절했지만, 그녀는 내 겉옷을 벗기더니 내 위에 올라와 누르고는 내가 빠져나가지 못하게 했습니다. 나는 간신히 그녀의 손아귀에서 벗어났지만 겉옷을 그녀의 손에 남겨둔 채 거리로 뛰쳐나갔습니다. "이 히브리 종놈아, 대가를 반드시 치르게 하고 말겠다!"라고 외치는 여주인의 소리가 또렷하게 들려왔습니다.

그녀는 그 말을 그대로 실천에 옮겼습니다. 그녀는 내가 집 밖으로 뛰쳐나가자마자 소리쳐서 종들을 불러들였습니다. 다른 종들이 방으로 들어갔을 때, 그녀는 몸가짐이 흐트러진 채 울고 있었고, 내 겉옷은 그 옆에 있었습니다. 주인이 축제를 마치고 돌아왔을 때까지 그녀는 침상에 앉아서 내 겉옷을 손에 쥐고서 울고 있었습니다. "히브리 종놈을 들인 것은 당신 생각이었어요. 이제 일이 어떻게 되었나 보세요. 그 놈이 나를 노리갯감으로 여겼어요!"

그 말을 듣자 주인은 화가 머리끝까지 치밀어 올랐습니다. 그는 경비원들을 시켜서 나를 붙잡아 감옥에 가둬버렸습니다. 내 말은 들어보지도 않고서. 하지만 보디발은 자신의 아내를 잘 알고 있었기에 어느 정도 진실을 짐작했던 것 같았습니다. 왜냐하면 강간 미수에 대한 형벌은 사형이었는데, 그는 나를 감옥에 가두기만 했기 때문입니다.

나는 내 인생의 두 번째 구렁텅이 속에 빠져버리고 말았습니다. 이번에는 첫 번째 것보다 훨씬 더 깊었습니다. 보디발의 화려하고 사치스러운 집에서 하루아침에 악취 나는 애굽의 감옥으로 삶의 터전이 바뀌었습니다. 게다가 내 명예도 땅에 떨어졌습니다. 멤피스의 거리에서는 셈족 노예가 여주인을 겁탈하려고 했다는 소문이 쫙 퍼졌습니다. 나는 정결하게 살기만 하면 사람들의 인정을 받고 성공할 수 있으리라 생각했습니다. 내가 순결하게 살면 하나님이 기뻐하실 것이고, 내게 성공이 보장될 것이라 생각했습니다. 그런데 말도 안 되는 모함으로 인해 내 꿈이 산산조각 나고 말았습니다. 어떻게 하나님께서 그렇게 놔두실 수 있는지 이해할 수 없었습니다.[1]

하나님께서는 환경을 변화시켜 주시는 방법이 아니라 내가 하나님과 더욱 친밀한 관계를 유지하도록 하셔서 그러한 고통스러

---

1 애굽의 중왕국 시대의 배경을 알려면 Jone A. Wilson의 *The Culture of Ancient Egypt*를 보라.

운 의문들에 대해 다시 한 번 차근차근 답변해 주셨습니다. 권력이나 특권에 대한 꿈이 아니라 하나님께서 나와 함께하신다는 확신으로 인해 나는 어두운 감옥에서도 인내할 수 있었습니다.

## 오늘을 위한 적용

우리 삶의 환경이 마치 체리가 가득 담긴 볼에서 씨를 버리는 접시로 전락하는 경우에도, 우리는 요셉처럼 '하나님께서 우리와 함께하신다'라는 사실을 기억해야 한다. 인생이란 게임은 그리 공평치 않다. 운이 좋은 사람들은 종종 끝까지 평안하게 살기도 한다. 만일 우리가 즉시 좋은 결과가 있을 것이라고 기대하면서 하나님께 나아간다면, 환경이 좋지 않게 변하자마자 우리는 그분을 원망할 것이다. 종으로 팔리게 되었을 때, 요셉은 여호와에 대한 신앙과 하나님의 도덕적인 기준에 순종하려는 마음을 버릴 수도 있었다. 하지만 선한 사람에게 좋지 않은 일들이 몰려드는 상황에도 요셉은 자신을 망가뜨리지 않았다. 왜냐하면 그의 인생에 있어서 중요한 것은 하나님과의 긴밀한 관계지, 선한 행실에 대한 하나님의 보상이 아니었기 때문이다.

하나님 없이 집에서 편안한 자유를 누리는 것보다, 설사 애굽에서 종살이를 하더라도 하나님과 함께하는 삶이 훨씬 더 낫다. 앞 장에서 우리는 요셉이 종살이하는 동안 유다가 겪은 일에 대해 살펴보았다. 유다는 자유로운 사람이었지만 하나님을 멀리 떠난 삶을 살았다. 부도덕에 대해 저항하기보다는 오히려 그것을 한껏 즐겼다. 그럼에도 불구하고 하나님의 은혜의 드라마가 그의 삶을 이끌었다는 진실을 발견하기는 했지만, 자신이 저지른 죄로 인해 아들들이 죽고 가족이 수치를 당하는 아픔을 겪어야만 했다. 반면, 요셉은 비록 자유가 없는 노예의 몸이었고 고향을 떠나 있었지만 하나님께서 그와 '함께하셨기에' 더 온전한 삶을 살 수 있었다.

예수님이 승천하시기 전에 우리에게 '내가 세상 끝 날까지 너희와 함께하겠다' 고 약속하셨다. 눈에 보이지는 않지만 우리와 함께하시는 그분을 우리 삶의 중심에 모셔야 한다. 치명적인 질병, 파산, 실직, 이혼 등 주변 환경이 견딜 수 없을 정도로 악화될 수 있다. 그로 인해 우리는 실망뿐인 삶에 염증을 느끼고 허무하고 덧없는 인생을 비관할 수도 있다. 그러나 청년 요셉은 절망의 늪에서도 의미 있는 삶을 유지하는 한 가지 핵심적인 비결을 발견했다. 그것은 바로 하나님께서 함께하심을 찬양하는 것이었다.

하지만 하나님께서 그 곁에서 함께하신다고 해서 그가 경건한 은둔주의자가 된 것은 아니었다. 그는 오히려 세속적인 도시 애굽에서 실무에 능한 사람으로 살았다. 요셉은 잠언에 나타난 대로 자신의 책임을 성실히 완수하는 근면한 청년의 모범이 되었다. 요셉이 애굽 생활 초창기에 성공한 것을 보면, 타고난 재능, 훈련, 그리고 견실한 노동에는 반드시 그 보상이 따른다는 잠언의 교훈이 진리임을 알 수 있다. 우리는 그의 모범을 따라야 한다. 예수 그리스도께서 우리와 함께하신다는 사실로 인해 게으름을 피운다는 것은 어리석은 처사이다. 열심히 일해서 탁월한 성과를 거두어야 한다. 우리 삶 속에 그리스도께서 함께하셔서 우리에게 지혜가 풍성하게 되었다는 것을 우리 상급자가 깨달을 수 있도록 애써야 한다.

보디발은 요셉의 빼어난 성품과 지혜를 보고 그의 삶 속에 하나님의 손이 함께하신다는 것을 알 수 있었고, 그에게 자신의 모든 것을 마음놓고 맡길 수 있었다. 불안에 떨며 좌불안석하는 지도자들과는 달리 보디발은 젊은 종이 갖고 있는 재능을 잘 활용했고, 그를 신뢰하고 그에게 책임을 더 안겨주었다. 그의 관리기술에서도 보고 배울 점이 많이 있다.

기성세대는 젊은이들이 게으름 피는 것을 쉽게 알아챌 수 있지만, 그 이전에 과연 젊은이들에게 능력을 제대로 발휘할 수 있는 기회를 얼마나 주었는지 자문해보아야 한다. 우리 교회의 경우, 우리는 젊은이들이 주일 아침에 찬송을 인도하고, 드라마를 연출하고, 주일학교 학생들을 가르치고, 예배 중에 자신의 의견을 능동적으로 발표할 수 있도록 허락해 주었다. 그렇게 했을 때 그들의 신앙적 열정이 더욱 불타오르는 것을 확인할 수 있었다. 젊은 이들이 앞에 나서는 것을 우려하고 못미더워하기보다는 오히려 그들에게 기회를 제공해 줌으로써 우리는 가정, 일터, 학교, 그리고 교회에서 커다란 성과를 얻을 수 있었다.

나의 아버지도 보디발과 같이 현명한 분이었다. 내가 사춘기에 접어들었을 때, 나는 반항심을 키우기보다는 더 큰 책임을 맡아야 했다. 13살이 되었을 때, 아버지는 6살에서 8살까지 아이들을 가르치는 성경학교 교사 직분을 내게 맡겼다. 16살이 되었을 때, 아버지는 프로그램 진행자 중 한 명으로 나를 임명함으로써 나를 향한 신뢰감을 보여주었다. 19살이 되었을 때, 캠프 인솔자로 내정된 사람이 갑작스럽게 사임하는 바람에 급히 다른 사람을 세워야 했는데, 그때 아버지는 제니 게트 박사와 함께 기도한 후에 나를 캠프 인솔자로 세우기로 결정했다. 그분들은 사무를 도와줄 현명한 어른을 한 명 임명하기는 했지만, 모든 캠프 프로그램을 통솔하는 권한은 전적으로 내게 보장해주었다. 그 결과, 아버지는 아주 소중한 선물, 즉 신뢰라는 선물을 내게 주었다. 아버지는 나를 믿었다. 우리가 아이들에게 줄 수 있는 가장 소중한 선물 가운데 하나는 바로 신뢰이다.

우리 자녀들이 책임감 있게 행동할 때 우리는 칭찬해주고, 그들에게 더욱 많은 책임과 동시에 자유를 허락해주어야 한다. 우리의 자녀들도 우리 일을 얼마든지 도울 수 있다. 보디발과 요셉은 성공적인 팀의 본보기가 되었다. 그렇지만 성공하고 번영할 때 팀을 이룬 두 사람 사이의 관계가 깨지기 쉽다는 사실도 염두에 두어야 한다. 요셉은 '정직'이라는 단어의 참 의미를 잊어버린 사회에 그 의미를 기억하라고 촉구하고 있는 듯하다.

요셉은 신뢰의 소중함을 알고 있었기에 달콤한 유혹을 떨쳐내고, 노골적인 여주인의 제안을 거부하였다. 우리를 넘어뜨리려는 부도덕한 행위들은 사람들과의 올바른 관계를 잊어버리게 하고 그저 순간의 쾌락만을 붙잡도록 유혹한다. 그렇지만 요셉은 주인이 자신을 믿고 있는 것과 하나님께서 항상 함께하신다는 것을 잊지 않았다.

요셉의 뛰어난 외모는 하나님의 선물이었지만, 보디발의 아내를 위한 것은 아니었다. 결혼하지 않은 남성과 여성 사이의 관계는 그저 친밀한 남매 사이를 반영해야 한다. 우리의 눈길은 우리 마음을 드러내준다. 요셉을 바라보는 여주인의 눈길은 누이의 눈길이 아니었다. 우리는 요셉의 경험을 통해서 올바른 길이 무엇인지 배워야 하고, 깜빡거리는 경고등을 주의 깊게 살펴야 한다.

1990년대에 이르러서야 남성들이 여성들에게 성희롱을 당하는 경우가 종종 발생하기 시작했는데, 요셉은 주전 1천 년 훨씬 이전 시대에 이미 그런 일을 당했다. 요셉의 반응은? 그는 단호히 거부했다.

요셉이 궁극적으로 의지한 바는 보디발과의 관계가 아니라 하나님과의 관계였다. 한 남성으로서의 그의 매력은 아름다운 여성과 잠자리를 같이한 무용담에서 나오는 것이 아니라, 하나님과 동행하는 삶에서 흘러나왔다. 오직 하나님 한 분만이 우리를 온전한 인간으로 만드실 수 있다. 그분이 우리에게 자신을 믿고 순종하라고 요구하신다.

부정한 눈길을 피하고, 온전한 관계를 신뢰하고, 하나님과의 교제를 즐거워하고, 제7계명을 기억한다면, 모든 문제는 해결될 것이다.

요셉은 도망쳐야 할 때를 알았다. 사도 바울은 청년 디모데에게 이렇게 충고한다. "또한 네가 청년의 정욕을 피하고 주를 깨끗한 마음으로 부르는 자들과 함께 의와 믿음과 사랑과 화평을 좇으라"(딤후 2:22).

요셉은 모든 면에서 올바르게 행동했지만 모든 일이 잘못되어 갔다. 요셉의 이야기는 오로지 일이 잘 되거나 성공을 거둘 때, 그리고 번성할 때만 주님을 잘 섬기는 신자들과는 대조된다. 현대사회와 같은 곳에서는 도덕적인 삶이 항상 성공을 가져다주지 않는다. 그런 불합리한 사회 속에서 우리가 보이는 반응은 우리가 어떤 꿈을 꾸고 있고, 어떤 나라에 속해 살아가고 있는지를 잘 드러내준다.

그 다음 이야기는 "요셉이 옥에 갇혔으나 여호와께서 요셉과 함께하시고"라는 말로 시작된다.

잭은 큰 사건 심리가 있기 전 주일 밤에 그가 다니던 교회의 독신자 모임에 참석했다. 그 곳에서 창세기 39장을 두고 현대사회 속에서 그와 같은 상황에 부딪치게 되었을 때, 어떻게 하면 요셉과 같은 태도를 보일 수 있을까 하는 문제로 토론을 벌였다. 결국 잭은 자신이 어떻게 처신해야 할지 알게 되었다.

"포사이드 부인, 저는 지금 새로운 사건을 맡아서 정신이 하나도 없습니다. 아마 목요일쯤이면 시간이 날 것 같은데, 그때 리차드가 뉴욕에서 돌아오면 함께 점심식사를 하는 것이 어떨까요?"

## 06 나를 잊은 무심한 친구

"너희는 이웃을 믿지 말며
친구를 의지하지 말며 네 품에 누운
여인에게라도 네 입의 문을
지킬지어다."

(미 7장 5절)

**요셉 이야기는** 꿈으로 시작된다. 그 꿈은 요셉이 그 가족의 지도자가 되고, 존귀한 자가 된다는 것이다. 우리는 삶의 의미를 지탱하는 동기가 어떤 꿈을 품고 있느냐에 달려 있다는 사실을 알고 있다. 5살밖에 되지 않은 어린 시절에는 크리스마스 선물로 예쁜 플라스틱 장난감을 받으리라는 기대감에 부풀어 9월부터 12월까지 흥분에 휩싸여 지낸다. 16살이 되면 운전면허를 취득한 뒤 혼자서 차를 모는 짜릿함을 즐기는 꿈이나, 매력적인 이성을 만나 삶을 진지하게 나누는 꿈을 꿀 것이다.

고등학교 졸업식 연사는 알 수 없는 미래, 즉 대학, 직업, 결혼, 가정 등의 문제를 들먹이면서 우리를 긴장시키고 도전을 준다. 미래의 일을 들먹거리던 그 모든 일들은 40대가 되면 모두 지난 과거가 돼버리고 만다. 크리스마스 선물로 받고서 하루도 지나지 않아 망가져버린 플라스틱 인형처럼 삶이 지루하고 불만족스럽고 공허하게 느껴질 수도 있다.

요셉의 이야기는 우리에게 인생의 목적을 가져야 할 필요성을 가르쳐준다. 요셉이 품었던 지도자의 꿈은 우리의 꿈이 될 수 있으며, 더 나아가 그보다 훨씬 더 광대한 범위에서 우리의 꿈이 실현될 수도 있다.

우리를 향한 계획을 세우고 계신 분은 애굽만이 아니라 전 우주를 통치하시는 분이다. 하나님께서는 우리가 하나님의 아들과 연합하게 하심으로써 다른 피조물을 다스리는 존재로 창조된 인간에 대한 하나님의 본래 창조의 목적을 이루고자 하신다(창 1:26). 그렇지만 우리를 괴롭히는 위험은 미래에 대한 하나님의 약속을 소멸시키고, 우리가 현실 속에서 생존을 위해 버둥거리게 만들어 버린다.

요셉의 인생 역정 가운데 객관적인 측면만을 살펴본다면, 자신을 죽이려는 형들, 노예로 팔린 신세, 거짓말과 부도덕함으로 자신을 옭아맨 여주인, 억울한 누명과 투옥 등, 모든 것이 그의 꿈과는 정반대의 길로 진행되는 것처럼 보인다. 인간적인 면으로 볼 때, 요셉이 그 상황 가운데에서도 하나님의 계시와 약속을 믿는다는 것은 그의 정신이 온전한가 하는 의문을 들게 만들 정도이다. 그는 자신이 겪어야만 했던 불공정한 사건들로 인해 다른 사람들과 하나님을 원망하면서 자신의 인생을 애굽의 미라와 같이 허망하게 마무리할 수도 있었다.

우리가 살아오면서 겪은 갖가지 불합리한 사건들을 돌아볼 때, 사랑의 하나님에 대한 우리의 믿음은 유치하고 어리석은 것이라고 주장할 수도 있다. 그런데 요셉은 어떻게 분노하거나 냉소를 퍼붓는 일 없이 불의, 고통, 그리고 절망스러워 보이는 현실을 받아들일 수 있었을까? 그는 어떻게 구덩이 속이나 애굽의 감옥에 던져졌을 때에도 풍부한 감수성, 열정, 정직함을 버리지 않을 수 있었을까? 기대했던 친구가 자신을 잊어버렸을 때, 그 엄청난 실망감을 어떻게 이겨냈을까? 갖가지 일로 혹사를 당한 이 젊은 청년은 어째서 아브라함과 이삭과 야곱의 하나님을 여전히 신뢰하고 있는 것인가?

## 감옥에서 그를 보호하신 하나님

**족**쇄 때문에 발목에 자줏빛 상처가 생겼습니다. 목을 두른 쇠고랑은 고개를 마음대로 움직이지도 못하게 만들었습니다. 등줄기에서 온 몸으로 퍼져나가는 상처의 고통은 거칠고 차가운 돌바닥 때문에 한층 더 참기 어려웠습니다. 하지만 그런 고통은 모함을 받아서 범죄자로 낙인찍힌 마음의 고통과 혼자라는 외로움에 비하면 아무것도 아니었습니다.

보디발은 내 얼굴을 보려고 하지도 않았습니다. 그는 자신의 충성스러운 종을 신뢰하는 대신 욕정에 사로잡힌 자기 아내의 거짓된 모함에 더 귀를 기울였습니다. 한순간 내 머릿속에 예전의 꿈이 생각났습니다. 17살 된 풋내기 녀석이 형들 앞에서 자신에게 모두 절하게 될 것이라고 말하는 광경을 떠올렸을 때, 쓴웃음이 절로 나왔습니다. 내가 갇혔던 무시무시한 지하 감옥은 어린 쥐새끼들도 무서워 감히 들어오지 않으려고 할 만한 곳이었습니다. 어둠 속에서 몇 마리 쥐들이 내가 쓰러지기만을 기다리고 있었습니다. 고픈 배를 채울 수 있기를 바라면서 말입니다. 감옥은 모든 것을 앗아갑니다. 하지만 모든 것이 사라져버렸을 때에도 아직 남아 있는 것이 한 가지 있었습니다. 그건 정말 절대적인 것이었습니다. 바로 내가 어둠 속에서도 혼자가 아니라는 사실이었습니다. 그 곳에서도 주님은 나와 함께하셨습니다(창 39:21,23).

그분이 제게 꿈을 주셨다는 것도 물론 중요합니다. 하지만 그분이 저와 함께하신다는 사실은 생명과도 같은 것이었습니다. 지도자의 꿈은 사라진 것처럼 보였지만, 하나님께서 가까이 계심으로 인한 만족감은 더 커졌습니다. 하나님께서는 거짓말과 질투와 부도덕을 싫어하시고, 불공평에 대하여 염증을 느끼시는 분입니다. 하지만 하늘에서 번개를 내려 이 모든 잘못된 것들을 한번에 바로잡지는 않으십니다. 대신 환란의 풀무 속에서 당신의 자녀들을 단련시키십니다. 그래서 그분이 세우신 지도자는 다스리는 위치에 오르기 전에 먼저 종과 죄수의 신분이 되는 것을 경험해야 합니다. 그분이 왜 그렇게 하시는지 그 이유는 모르겠습니다. 하지만 나는 하나님께서 그의 일꾼들의 성품을 고통스러운 감옥 생활을 통해 정화시키신다는 사실을 나의 경험으로 입증할 수 있습니다.

증오와 부도덕과 불신앙과 싸워가면서 입게 되는 상처는 우리의 헌신이 진실한 것인지를 시험합니다. 간수가 나를 감옥으로 밀어 넣었을 때, 내 감정은 "나는 모함을 받았습니다. 이 곳은 내가 있을 곳이 아닙니다"라고 소리쳤죠. 그러한 모순을 허락한 하나님에 대한 저주와 독설이 내 생각을 뚫고 들어오려 했습니다. 하지만 기적과 같은 은혜로 나는 저주가 아니라 하나님을 신뢰하는 길을 선택했습니다. 보디발이 나를 왕의 감옥에 처넣을 때, 그 곳이 바로 내 삶을 지키시는 하나님께서 나를 보좌로 이끌어 올리시기 위한 완벽한 예비처라는 사실을 어느 누구도 깨닫지 못했습니다(창 39:20).

## 감옥에서의 은혜

형들이 나를 팔아버려서 종살이를 하게 되었지만, 나는 보디발의 집에서 나름대로 성공을 거두었습니다. 그리고 보디발이 나를 감옥에 집어넣은 뒤에도 나는 바로의 감옥에서 나름대로 성공적인 삶을 살았습니다. 하나님께서 내게 또다시 은혜를 베푸셨습니다. 옥의 간수가 내가 갖고 있는 능력을 알아채도록 하신 거죠. 그래서 감옥의 모든 일을 관리하는 일이 내게 맡겨졌습니다(창 39:21~23).

내게 그 일이 맡겨지자, 나는 바로의 지하 감옥 중에서도 가장 열악한 밑바닥 방에서 나올 수 있었습니다. 그리고 왕궁에서 관리로 지내다가 잘못을 저질러 감옥에서 선고를 기다리는 사람들이 대기하는 특실에서 생활할 수 있게 되었습니다. (거대한 국제도시에 있는 유치장과 최소한의 기본 시설만 갖추어진 시골의 감방을 비교해보면 그 차이점을 알 수 있을 것입니다.)

어느 날 아침, 죄를 지은 왕궁 관리들이 갇혀 있는 감방에 들어가 볼일을 보고 있을 때, 새로 두 명의 죄수가 들어왔습니다. 그들은 애굽의 높은 관리였습니다. 간수장은 그들을 관리하는 일을 내게 맡겼죠. 그것은 아주 드문 행운이었습니다. "요셉, 그 두 사람을 잘 모셔라. 만일 바로가 그들을 석방하면, 그들이 이 곳에서 얼마나 편한 생활을 했느냐에 따라 내 목이 왔다 갔다 하니까 말이야." 간수장은 바로의 떡 굽는 관원장과 술 맡은 관원장을 내게 맡기면서 이렇게 신신당부했습니다.

영광스러운 자리에서 갑작스럽게 몰락한 것과 판결을 기다리면서 받는 스트레스를 생각해보면, 그들이 용케도 감옥생활을 잘하고 있다는 생각이 들기도 했습니다. 어렸을 때, 하나님께서 내게 보여주신 계시는 권력과 특권이 주어진 삶이었습니다. 그렇지만 당시의 내 삶은 그와는 완전히 다른 삶이었습니다. 그래서 나는 내가 수건을 들고 무릎을 꿇은 자세로 다른 사람의 시중을 드는 꿈을 하나님께서 주셨다면, 아마 보다 더 정확하지 않았을까 하는 생각을 하기도 했습니다. 어쨌든 하나님께서 나를 죄수들의 시중을 드는 자로 부르셨다면, 최소한 그들의 마음을 편하게 해 주고, 예민하게 주위를 잘 살피는 사람이 되기로 작정했습니다.

죄수들은 서로 눈길을 마주치지 않으려는 경향이 있습니다. 자기보호본능 때문이죠. 모든 사람이 서로의 눈길을 피하면서 각각 자기의 일에만 신경을 씁니다. 나는 그런 경향을 무시하고, 함께 갇힌 사람들의 얼굴 표정을 자세히 살펴보려고 애썼습니다.

어느 날 아침, 떡 굽는 관원장과 술 맡은 관원장에게 아침 식사를 가져다주었을 때, 그들의 얼굴에 긴장감과 근심이 역력하게 나타나는 것을 곧바로 읽을 수 있었습니다.

"당신들은 마치 방금 죽음의 키스 세례라도 받은 것처럼 보이는군요. 감옥의 음식이 그리 좋은 편은 아니지만, 음식 때문인 것 같지는 않고…, 대체 무슨 일입니까?"

"우리 두 사람 모두 간밤에 꿈을 꾸었다네." 술 맡은 관원장이 대답했습니다. "그런데 답답하게도 그 꿈이 무슨 의미인지 알 수가 없다네. 꿈 해몽을 하는 사람도 이 곳에는 없고."

당시 애굽의 학교에는 꿈과 징조를 전문적으로 연구하는 과정이 따로 있었습니다. 그렇지만 꿈을 해석하는 박사들이 조작해낸 이야기 가운데 절반 이상은 내가 듣기에 백일몽처럼 들렸습니다. 나는 어려서부터 꿈과 각별한 인연을 맺어온 사람이고, 내가 섬기는 하나님께서 간혹 이 방법을 통해 자신을 계시하신다는 것을 알고 있었습니다. 그래서 나는 하나님께서 이 두 사람을 도와줄 지혜를 내게 주실지도 모른다고 생각했습니다.

"당신들의 꿈 해몽가들은 아마도 이 감옥까지는 오려고 하지 않을 것입니다. 하지만 내게는 '운명을 결정하는 신'에게 가까이 갈 수 있는 비책이 있습니다. 내게 그 꿈을 말해준다면, 내가 섬기는 하나님께서 그 의미를 알려주실 것입니다." 저는 이렇게 담대하게 말했습니다(창 40:8).

술 맡은 관원장이 자기가 꾼 꿈의 내용을 말해주었습니다. 포도나무와 세 가지가 나오는 꿈이었죠. 포도나무에 싹이 나고 꽃이 피고 포도송이가 익었습니다. 술 맡은 관원장이 포도를 따서 그 즙을 바로의 잔에 짜서 그 잔을 바로에게 주었습니다.

이 수수께끼의 핵심은 세 가지가 어떤 의미를 지니고 있느냐 하는 것이었습니다. 하나님께서 내게 그 해답을 알려주셨습니다. 세 가지는 삼 일을 뜻하는 것이었습니다. 결국 어려운 수학 문제가 기본 공식에 따라 술술 풀려가듯이, 나머지 수수께끼는 쉽게 풀렸습니다. 그 꿈은 삼 일 후에 바로가 술 맡은 관원장의 지위를 회복시켜 주어 그의 술잔을 들게 할 것임을 예언하는 꿈이었습니다.

나는 마치 부당한 판결로 사형을 언도받은 사람이 상소할 수 있는 기회를 얻은 듯한 기분이었습니다. 그 기회를 놓치지 않고, 나는 내가 왜 이 곳에 부당하게 들어오게 되었는지 술 맡은 관원장에게 소상하게 설명했습니다. 그는 자신의 지위를 회복하게 될 것이라는 기대에 잔뜩 부풀어 있었습니다.

"요셉, 내가 이 곳에서 나간다면 너를 즉시 여기에서 나가게 해주겠다. 내가 들은 소식 중에 가장 기쁜 소식을 전해준 사람에게 그 정도의 일을 해주지 않겠느냐? 바로에게 너의 사건을 다시 한 번 조사해달라고 청원을 드리겠다." 자유의 몸으로 감옥 문을 나서게 될 것이라는 희미한 희망의 빛이 내 속에서 솟아나기 시작했습니다. 며칠 안에, 아무리 늦어도 몇 달 안에 나는 자유로운 몸이 되어 고향으로 돌아가게 될 것이라고 믿었습니다.

나의 해석이 꽤 그럴 듯해 보였고, 게다가 명예가 회복된다는 희망적인 해석이었기 때문에 떡 굽는 관원장도 자신이 간밤에 꾼 꿈 이야기를 내게 해주었습니다. 그는 꿈 속에서 세 광주리가 자신의 머리에 있는 것을 보았습니다. 그 광주리에는 바로를 위하여 만든 각종 구운 식물이 있었는데 새들이 광주리에서 그것을 먹어버렸습니다.

이번에도 세 광주리에 대한 해석이 핵심 사항이었는데, 그것도 역시 삼 일을 의미하는 것이었습니다. 그렇지만 불길한 상징인 새가 등장하는 이 꿈의 해석은 좋지 못한 것이었습니다. 삼 일 후에 바로는 떡 굽는 관원장의 목을 벨 것이고, 새가 그의 몸을 쪼아 먹을 것이라는 뜻을 담고 있었습니다.

운명적인 꿈은 현실로 그대로 나타났습니다. 삼 일 후에 떡 굽는 관원장은 불명예스럽게 처형당해서 매달리게 되었고, 술 맡은 관원장은 누명을 벗고 직위를 회복하게 되었습니다. 나는 내 억울함이 바로 앞에서 밝혀지게 될 날만을 손꼽아 기다렸습니다. 몇 날이 지나고 몇 주가 흘러가고 해가 바뀌었지만, 아무 소식도 없었습니다. 술 맡은 관원장이 나를 까맣게 잊어버리고 말았던 것입니다.

곤경에 처해 있을 때 믿었던 친구가 무심하게도 당신을 잊어버린다면, 다른 그 어떤 좋지 않은 일을 당했을 때보다 더 참기 힘들 것입니다. 심지어는 모든 것을 좌우하시는 하나님에게서 멀리 떠나고 싶을 정도로 절망할 수도 있죠. 하나님의 타이밍이 나를 아주 곤혹스럽게 만드는 것 같았습니다. 하지만 나는 머지 않아 그 타이밍이 아주 정확하다는 사실을 깨달을 수 있었습니다.

## 오늘을 위한 적용

실망스러운 삶의 과정 때문에 우리는 때때로 절망에 깊이 빠지곤 한다. 하지만 꼭 기억해야 할 것은 그러한 역경이 오히려 보좌로 올라가는 디딤돌이 되기도 한다는 점이다.

4년 동안 나는 화학, 생물학, 미적분, 물리학에 몰두했다. 4학년이 되어서는 의과대학 예과 학우회 회장을 맡았다. 화학 선생님은 내게 의과대학에 진학하라고 적극적으로 권했다. 그러기 위해서는 하나의 관문을 통과해야 했다. 바로 MCAT(의과대학 입학시험)이다. 의과대학에 진학하기 위해서는 이 시험에서 높은 점수를 얻어야만 했다.

뉴욕의 버팔로에서 시험이 있기 전날 밤에 3, 4학년 학생들의 축제가 예정되어 있었다. 다음 날 아침 8시가 되면 나는 운명적인 시험을 치르기 위해 떠나야만 했다. 아내는 축제 자리에서 일찌

갑자기 일어나 나이아가라 폭포의 불빛을 구경하자고 했지만, 나는 저녁 식사 후에 있을 연설이 끝나기까지는 그 곳에 머물러 있는 것이 좋겠다는 생각이 들었다. 그런데 공교롭게도 연설은 상당히 늦게 끝났고, 우리가 나이아가라 폭포의 전망대에 도착했을 때에는 불이 꺼져 있었다.

버팔로에서 시험이 있을 예정이었기 때문에 우리는 공항 근처에 있는 친구 집에서 하룻밤을 보내기로 했다. 그래서 친구 집으로 향했는데, 접어든 길이 낯설었다. 나는 친구 집으로 가는 길을 제대로 안다고 확신하고 있었기 때문에 방향을 돌려 되돌아가고 싶지 않았다. 1시가 되도록 공항 근처를 헤매고 다녔지만, 거리를 제대로 찾아왔다는 안도감을 느낄 수 없었다. 아내는 입을 다물고 조용히 앉아 있었는데, 속은 부글부글 끓고 있었다. 결국 나는 친구에게 연락을 취했고, 2시가 되어서야 잠자리에 들 수 있었지만, 거의 잠을 잘 수 없었다. 결혼한 이후로 그렇게 일이 완전히 틀어진 적은 처음이었다.

나는 7시에 일어나서 준비하고 학교에 갔다. 시험을 치르고 나서 초조하게 결과를 기다렸다. 수치스러울 정도의 결과는 아니었지만, 안타깝게도 내가 지원한 하버드 의과대학에는 들어갈 수 없는 결과였다. 한 대학에서 연락이 와서 면접을 보긴 했지만, 나는 여름이 되도록 입학허가를 받지 못했다. 4년 동안 내가 꿈꿔왔던 것은 의사가 되는 것이었지만 그 꿈은 결국 물 건너가버리고 말았다. 그때 내 마음을 뒤흔든 실패와 좌절, 거부감은 정말 견디기 힘들었다.

2년 후 여름, 아버지는 내게 아름다운 아디론댁 산에서 열리는 어린이 성경캠프를 인도해달라고 부탁했다. 하지만 아내가 임신 중이었다. 산부인과 의사는 첫 임신 중에 그렇게 멀리 여행을 한다면 심각한 위험을 초래할 수도 있다고 경고했다. 그래서 나는 서늘한 북쪽 지방에서 캠프를 인도하는 대신 뜨거운 여름 내내 달라스에서 소각로를 만드는 일을 하며 지내야 했다. 나는 하루에 8시간 동안 해머를 휘두르며 콘크리트를 부수는 일을 했다. 건설업체 사장이 계산을 잘못하는 바람에 잘못 지어진 부분들을 부수는 작업이었다. 함께 일하고 있는 목수들이 큰소리로 불평을 해댈 때, 나도 은근히 동조를 표하고 싶은 유혹을 받기도 했다. 하지만 그때마다 나는 요셉의 이야기를 떠올리며 구렁텅이 속에서도 인내해야 한다고 다짐하곤 했다. 요셉의 이야기는 가장 절망적인 순간이 바로 하나님께서 우리 삶의 목적을 이루시기 위해 세우신 디딤돌이라는 것을 증거해주었다.

나는 의과대학에 입학하는 데 실패한 이후에 신학교에 지원하였다. 거기에서 나는 성경신학과 목회학, 그리고 가르치는 일 등이 하나님께서 내게 주신 적합한 분야임을 발견했다. 화학과 생물학, 그리고 의학은 여전히 나의 흥미로운 관심사였고, 하나님께서 이 분야의 친구들을 내게 붙여주기도 하셨지만, 하나님께서 내게 맡겨주신 궁극적인 책임은 하나님의 말씀을 가르치는 것이었다. 하나님께서는 그 일을 통해서 내가 깊은 만족감을 맛보도록 인도하셨다. 한 분야에서 실패한 것으로 인해 나는 참된 은사를 발견하게 된 것이다.

아내와 내가 달라스에서 손발에 물집이 잡히도록 일하면서 여름을 보내는 동안, 우리는 달라스 남서쪽 50킬로미터 정도 떨어진 곳에 있는 한 친구의 집에서 자그마한 성경공부 모임을 인도했다. 2년 동안 도시에서 충분한 훈련을 받은 에드와 코키 머리 신학교 4년생 부부가 우리 모임에 합세하면서 지금의 미드로디안 성경 교회가 탄생했다.

아직 걸음마 단계의 교회였지만 얼마 지나지 않아 머리 부부를 유럽에서 사역하도록 파송하였고, 나와 내 아내를 미드로디안 교회의 목회자로 세웠다. 우리는 이것이 그리스도의 소중한 지체를 섬기는 사역의 시작이라고는 전혀 생각지 못했다. 하지만 우리는 지난 20년 간 사역을 해왔다. 하나님께서는 뉴욕 토박이를 택하셔서 텍사스의 한 시골 마을 사역자로 세우셨고, 살아 계신 그리스도와 친밀한 관계를 맺으려고 애쓰는 든든한 교회 공동체를 시작하게 하셨다.

자비로운 하나님께서는 의과대학 입학의 꿈이 좌절되어서 실망에 빠져 있는 우리를 인도하셨던 것이다. 자신이 계획하신 길로 인도하시기 위해, 그 뜨거운 여름날 서늘한 지역에 와서 성경캠프를 인도해달라는 아버지의 매력적인 제안을 어쩔 수 없이 거절하도록 만드셨다. 하나님께서 우리가 관심을 갖고 있는 곳에서 다른 곳으로 우리를 인도하실 때, 아버지와 같은 그분의 자상한 인도의 손길을 깨닫는 것은 그리 어렵지 않다. 다음 장에서 우리는 요셉이 30살이 되었을 때, 하나님께서 요셉을 캄캄한 감옥에서 바로의 궁전으로 어떻게 인도하시는지, 어떻게 요셉의 삶을 뒤바꿔 놓으시는지 살펴볼 것이다. 역경과 어려움이 우리가 살아 있는 동안 시원하게 해결된다면 신뢰와 수용과 찬양의 고백이 쉽게 나올 수 있을 것이다. 하지만 해결되지 않은 문제에 대한 의문이 끝까지 남아 있게 된다면 어떻게 될까?

살아가면서 겪는 그런 문제와 위험들이 나와 아내를 괴롭혔다. 의학에서 목회로 바꾸어야 했던 순간보다 더 고통스러운 것들이었다. 하지만 화가 치밀어 오르고 이해할 수 없는 캄캄한 시간을 지나는 동안에도 요셉과 유다 이야기는 우리에게 끊임없이 위로의 빛을 던져주었다. 요셉의 인생은 가장 영광스럽고 높은 자리에 올랐던 30이 되었을 때 끝나버리지 않았다. 여전히 헤쳐 나가야 할 무서운 기근의 시간이 남아 있으며, 자신을 죽이려 했던 형들, 그리고 비탄에 잠긴 아버지를 만나는 운명의 시간도 맞이해야 했다. 이런 나머지 이야기를 통해 신비로운 하나님의 통치와 사랑의 비밀이 더욱 밝히 드러나게 된다.

제 3 부

보좌 위의 삶

Life on the Throne

# 07 죄수가 총리대신이 되다

"우리가 선을 행하되 낙심하지 말지니 피곤하지 아니하면 때가 이르매 거두리라."
( 갈 6장 9절 )

**삶의** 구렁텅이에 빠지게 되면, 흔히 독한 마음을 품고 하나님을 저주하고 싶은 유혹이 든다. 반면, 찬란한 성공을 거두고 그것을 누리는 순간에는 창조자와 그분의 인도하심을 쉽게 잊어버리게 된다. 우리는 요셉이 17세부터 30세가 되기까지 겪었던 인생의 역경을 함께 살펴보았다. 감옥에서 그가 어떻게 신앙을 버리지 않고 견딜 수 있었으며, 하나님께서 그와 함께하신다는 친밀감이 감옥에 갇혀 있는 그에게 어떤 의미로 다가왔는지 살펴보았다.

창세기 41장에 이르러 그의 꿈은 결국 성취된다. 우리는 이제 그가 보좌에 오르는 것과 여러 가지 의문이 풀리는 것을 볼 것이다.

요셉은 어떻게 성공의 벼랑 끝에서 굳건히 설 수 있었을까? 우리가 '7년 기근'과 같은 재정적인 위기에 봉착할 때, 어떤 조언이나 재정관리기술이 우리를 지켜줄 수 있을까? 국가의 운명을 담고 있는 바로의 꿈은 돌고 도는 세계 경제의 흐름에 대해 무엇을 드러내고 있는가? 오늘날 곳곳에서 나타나는 극심한 기근 때문에 도움을 요청하는 소리가 높아가고 있다. 이런 상황에서 양식이 없는 것보다 더 치명적인 기근은 과연 우리에게 없는가? 요셉이 바로의 감옥에서 궁정으로 올라갔던 과정을 우리에게 설명해줄 때, 이 질문에 대한 해답을 들어보기로 하자.

## 인간적인 예언의 무기력함

술맡은 관원장이 바로의 곁으로 돌아가게 되자 나는 곧 풀려나리라는 큰 기대감에 부풀어 있었습니다. 간수가 웃으면서 내게, "요셉, 바로가 너의 사건을 다시 판결하실 거다"라고 말하는 날만 손꼽아 기다렸습니다. 10년 이상 받아온 부당한 처우가 이제 곧 시정될 것으로 믿었습니다. 하지만 날이 가고 달이 바뀌어도, 2년이 지나도록 아무런 소식이 없었습니다. '하나님의 때는 언제나 완전하다'는 잘 알려진 문구가 감옥 생활에 지친 나의 심신을 비웃는 것 같았습니다.

그 즈음에 바로는 두 번이나 기이한 꿈을 꾸었습니다. 첫 번째 꿈의 배경은 나일 강변이었습니다. 고대 애굽인들은 나일 강을 '신들의 아버지'[1]로 숭상했으며, 풍요로움과 생명의 근원으로 여겼습니다.[2] 바로는 꿈속에서 아름답고 살진 일곱 암소가 강에서 올라와 갈밭에서 풀을 뜯어먹고 있는 것을 보았습니다. 텍사스의 우시장에 경매를 붙인다면 아마도 최고의 값을 받을 수 있을 정도로 멋진 암소였습니다. 그런데 잠시 후에 흉악하고 파리한 다른 일곱 암소가 하수에서 올라오더니 살진 암소들과 함께 강가에 섰습니다. 그때 갑자기 무서운 광경이 벌어졌습니다. 그 흉악하고 파리한 소들이 아름답고 살진 소들을 잡아먹는 것이었습니다. 바로는 큰 충격을 받고 놀라서 잠에서 깨어났습니다. 뭔가 불안하고 걱정스러웠습니다. 하지만 마음을 가라앉히고 다시 잠에 빠져들었는데, 또다시 꿈을 꾸었습니다.

이번에는 꿈의 배경이 강가에서 들판으로 옮겨졌습니다. 어떤 줄기에 무성하고 충실한 이삭 일곱이 달려 있었습니다. 그리고 조금 후에 세약하고 동풍에 마른 일곱 이삭이 나왔는데, 그 세약한 일곱 이삭이 무성하고 충실한 일곱 이삭을 삼켜버렸습니다.

**1** John Skinner, *Genesis*, 327.
**2** Walter Brueggemann, *Genesis Interpretation*, 327.

바로는 다시 꿈에서 깨어났습니다. 이번에는 걱정스러운 마음이 도저히 사그라지지 않았고, 근심 가운데 뜬눈으로 밤을 지새워야 했습니다.

바로는 날이 밝자마자 박사들을 불러서 자신의 꿈을 해몽하라고 명령했습니다. 그들은 나름대로 바로의 꿈을 해석했지만, 아무도 바로가 수긍할 만한 명쾌한 해석은 제시하지 못했습니다. 바로는 당시 절대적인 권력을 쥐고 있었기 때문에 전국 도처에 뛰어난 식견을 가진 사람들을 즉시 불러 모을 수 있었습니다. 그러나 그렇게 해도 여전히 수수께끼는 풀리지 않았습니다. 애굽의 술객들도 그 꿈의 수수께끼를 풀지 못했고, 바로에게 시원한 해석을 제시하지 못했습니다.[3]

애굽은 그 당시로부터 약 1천년 전에 이미 피라미드와 같은 건축물을 지은 지혜를 간직하고 있던 나라였습니다. 현대의 수학체계도 그 피라미드의 단순한 조형미에 대해 찬탄을 아끼지 않고 있습니다. 현대의 학자들은 고대 애굽인들이 어떻게 그렇게 큰 돌을 정확하게 제자리에 놓을 수 있었는지 아직도 논란을 거듭하고 있습니다. 가사에 있는 피라미드의 간결함과 조화는 아직도 경이로움에 싸여 있습니다. 하지만 그런 놀라운 지혜를 소유한 전문가들이 모였음에도 불구하고 바로의 꿈이 무엇을 의미하는

---

3 다니엘 2장 1-13절에서 느부갓네살이 자신의 꿈을 해석하도록 불러 모은 바벨론의 박수, 술객, 점쟁이, 술사들도 애굽의 술사들과 마찬가지로 무기력함을 드러냈다.

지 밝히지 못했습니다. 술 맡은 관원장이나 떡 굽는 관원장의 경우와 마찬가지로 바로의 꿈은 미래에 대한 예언을 담고 있었습니다. 이번의 경우에는 특별히 하나님께서 개인의 일이 아닌 국가적인 문제를 알려주시고자 하셨습니다. 바로가 꾼 꿈들은 앞으로 14년 동안 국가 전체가 겪을 운명에 관한 것이었습니다.

인간의 지혜는 거대한 건축물을 설계하여 건축하고, 원자의 구조를 분석해내고, DNA 안에 있는 아미노산 배열 구조도를 그려내고, 낭포성 섬유증이나 암을 고칠 수 있는 가능성을 제시할 수 있을 것입니다. 이러한 놀라운 일들을 보게 된다면, 뛰어난 인간의 능력을 숭앙하게 될지도 모릅니다. 내가 살던 시대에도 이와 비슷한 유혹이 곳곳에 퍼져 있었습니다.

하지만 인간의 지혜라는 것이 아무리 뛰어나다고 해도 겨우 한 치 앞의 미래에 어떠한 일이 일어날지도 확실히 알 수 없다는 것을 기억해야 합니다. 대학 교수들이 통계적인 분석이나 가능성의 법칙에 근거한 교묘한 추측을 제시할 수는 있겠지만, 결코 국가와 개인의 미래를 제어할 수는 없습니다. 박사들도, 술객들도 더 이상 꿈을 명백하게 해석할 수 없다고 겸손하게 인정하였을 때, 참되신 역사의 주관자이신 하나님께서 드디어 그 꿈을 해석할 수 있는 사람을 그들에게 보내주셨습니다.[4]

4 Claus Westermann, *Genesis*, 87.

## 잊고 있었던 친구를 떠올림

**꿈**을 잘 해석하는 사람이 급히 필요하다는 소식이 드디어 술 맡은 관원장의 귀에도 전해졌습니다. 그 소식을 듣고 그는 예전에 자신의 꿈을 해몽해 주었던 나를 기억했습니다. 그가 그만 나의 일을 깜박 잊어버렸기 때문에 그에 대한 원한을 품으려는 유혹이 치밀기도 했지만, 저는 그를 믿었습니다. "내가 오늘날 나의 허물을 추억하나이다"(창 41:9). 그는 자신의 잘못을 인정하는 용기를 가진 사람이었습니다. 바로의 노를 샀던 과거의 일을 바로 앞에서 다시 들추어서 화를 자초할지도 모를 일이었지만, 그는 용기 있게 자신이 해야 할 일을 했습니다(창 41:10). 그는 기꺼이 바로에게 감옥에 있던 히브리 노예가 과거에 자신의 꿈을 정확하게 해몽했다고 진언을 올렸습니다. 결국 그 진언과 동시에 하나님의 정확한 신호가 떨어졌고, 바로는 저를 감옥에서 그의 궁으로 불렀습니다.

## 이방인의 왕궁에 드러난 하나님의 영광

**급**히 목욕과 면도를 하고 나서 장엄한 궁전으로 들어선 나의 모습은 셈족의 목동이라기보다는 애굽의 제사장 같아 보였습니다. 애굽의 수호자인 바로는 비록 신적인 존재로, 불변하고 영원한 존재로 추앙을 받고 있었지만,[5] 자신을 괴롭히고 있는 꿈의 의미를 내게 물어올 때는 전능한 능력의 소유자에게서 볼 수 있는 어떤 고고함도 찾아볼 수 없었습니다. 분명히 술 맡은 관원장은 제가 섬기는 하나님에 대해서는 아무런 말도 하지 않은 것 같았습니다. 바로는 내게 꿈을 해석하는 능력이 있다는 말에 전적인 신뢰를 보이며 기대감을 보이고 있었습니다.

솔직하게 말해서 애굽의 지하 감옥에서 십 년을 썩은 후였기 때문에, 내 속에서는 개인적인 목적을 위해 지금 내 말을 듣고 있는 바로를 잘 이용해야 한다는 유혹이 강하게 피어오르기도 했습니다. 이런 말이 목구멍까지 치밀어 올랐죠. "지극히 높으신 바로여, 제게는 꿈을 해석할 수 있는 능력이 있지만, 그러기 전에 먼저 제게 한 가지 호의를 베풀어주시기를 원합니다. 제가 당신의 꿈을 만족할 만하게 해석하면, 저를 풀어주시고 충분한 식량을 주어 가나안 고향집으로 돌아가게 해주시겠다고 약속할 수 있으십니까?" 하지만 오랜 세월 동안 감옥의 외로움 속에서도 하나님과 친밀한 교제를 계속해 온 결과, 나는 이러한 이기적인 유혹을 억누를 수 있었습니다. 캄캄한 구렁텅이에 여러 번 빠진 경험으로 인해 나는 내가 가진 재능이 전적으로 하나님께 의존해 있다는 것과, 이스라엘의 하나님은 자신의 영광을 다른 사람과 나누지 않으며, 그것은 애굽에서도 마찬가지라는 진리를 깨닫게 되었

---

5 Wilson, 44-49.

습니다.⁶⁾ 그래서 나는 결국 이렇게 대답했습니다. "꿈을 해몽하는 능력은 제게 있는 것이 아닙니다. 하나님께서 당신에게 평안한 대답을 주실 것입니다"(창 41:16).

바로의 두 가지 꿈은 똑같은 메시지를 반복해서 전달한 것뿐이었습니다. 하지만 히브리 전통에 따르자면, 반복은 그 메시지의 확실성과 중요성을 극명하게 드러내는 방법이었습니다. 파리한 암소와 비쩍 마른 곡식이 살진 암소와 잘 여문 곡식을 집어삼켰다는 그 이상스럽고도 불길한 꿈은 장차 닥칠 환난을 나타내고 있음이 분명했습니다. 술 맡은 관원장과 떡 굽는 관원장의 경우와 마찬가지로 이 수수께끼를 푸는 열쇠 역시 일곱 암소와 일곱 이삭을 7년에 대입시키는 것이었습니다.

영원하신 전능의 하나님께서 이 꿈의 의미를 내게 보여주셨고 세밀한 의미까지 일러주셨기에, 나는 그 꿈의 정확한 의미를 바로에게 전했습니다. 그 꿈은 7년 간의 전무후무한 대풍년이 있은 후에 7년 간의 대흉년이 있을 것이라는 경고의 메시지를 담고 있었습니다. 나는 내가 이렇게 장래의 경고를 담고 있는 꿈을 해석할 수 있는 것은 전적으로 하나님의 능력이고, 그분의 뜻에는 그 누구도 저항할 수 없다고 바로에게 네 번이나 말했습니다.⁷⁾ 하지

---

6 "나는 여호와니 이는 내 이름이라 나는 내 영광을 다른 자에게, 내 찬송을 우상에게 주지 아니하리라"(사 42:8)를 참조하라.
7 창 41:25, 28, 32. 이 구절에 사용된 엘로힘(Elohim)이라는 히브리어는 하나님의 전능하심과 전 우주를 다스리시는 주권을 강조하는 하나님의 이름이다.

만 바로는 그런 말에 귀를 기울일 경황이 없었습니다. 그에게는 이 난국을 헤쳐 나갈 실제적인 계획이 더 절실했기 때문입니다.

## 하나님의 지혜로 재난을 극복함

**다**음과 같은 솔로몬의 지혜로운 충고를 들어보셨을 것입니다. "게으른 자여 개미에게로 가서 그 하는 것을 보고 지혜를 얻으라 개미는 두령도 없고 간역자도 없고 주권자도 없으되 먹을 것을 여름 동안에 예비하며 추수 때에 양식을 모으느니라" (잠 6:6~8). 비록 솔로몬이 이 말을 잠언에 기록한 때가 내가 살던 시대보다 8백년이나 더 지난 시대였지만, 그 말에 담겨 있는 보편적인 진리는 고대 근동 사람들의 생각 속에도 깊이 새겨져 있는 것이었습니다. 인간은 개미와는 달리 어떤 일을 수행해 나가기 위해서는 지도자가 필요합니다. 그래서 나는 바로에게 이렇게 제안했습니다. "이제 바로께서는 명철하고 지혜 있는 사람을 택하여 애굽 땅을 치리하게 하시고, 그로 여러 관리를 임명하여 일곱 해 풍년에 애굽 땅에서 수확한 곡식의 오분의 일을 거두되 그 관리로 장차 올 풍년의 모든 곡물을 거두어들이게 하십시오. 이 곡식은 '7년 기근'의 때를 대비하여 따로 저장해두고 장차 나라를 구하는 데 사용하셔야 합니다. 애굽은 위험에서 벗어날 수는 있겠지만 지금부터 당장 대비를 하셔야만 합니다."

하나님의 영이 인도하셔서 내가 그렇게 말했을 때, 나는 그런 담대함이 나에게 있는 줄은 꿈에도 생각지 못했습니다. 내가 너무 주제넘은 행동을 한 것일까요? 이 대담한 제안을 한 뒤에 다시 깊은 지하 감옥으로 돌아가게 될까요? 하지만 바로와 대신들은 내 말을 듣고 고개를 끄덕거렸고, 그 다음 순간 바로의 입에서 나온 말은, 내가 생각지도 못했던 것이었습니다.

"이와 같이 하나님의 신에 감동한 사람을 우리가 어찌 얻을 수 있겠느냐?"

그 말 이후에 내가 겪은 일은 마치 해피엔딩으로 끝나는 동화의 결말과 같았습니다. 나는 아주 좋은 옷을 입고 목에는 금목걸이를 걸고서, 전차를 타고 멤피스 언덕 위를 달렸습니다. 게다가 손가락에는 바로의 절대적인 권위를 상징하는 인장 반지를 끼고 있었습니다.

내게 '총리대신'이라는 직책이 맡겨졌고, 그와 동시에 나는 애굽의 상류사회에 진출하게 되었습니다. 그리고 '말하는 살아 있는 신'이라는 뜻의 '사브낫바네아'라는 애굽 이름도 얻게 되었고,[8] 헬리오폴리스의 유력한 제사장 보디베라의 딸 아스낫과 결혼도 하게 되었습니다. 상상조차 못했던 그런 삶이 내게 주어진 것입니다. 하지만 하나님께서 내게 주신 권력의 선물을 환호 가

8 Skinner, 170.

운데 그저 놀고먹는 것으로 허비할 수는 없었습니다. 백성의 생명을 건지기 위해 겸허하게 나의 재능을 사용해야 했습니다.

나는 전차를 타고 온 땅을 두루 돌아보았습니다. 7년 간의 대풍년 기간 동안 거두어들일 곡식을 쌓아둘 적당한 장소를 물색하기 위해서 말입니다. 지혜로운 행정관료들을 곳곳에 배치하였고, 창고 건축을 책임질 감독들을 뽑았습니다. 얼마 지나지 않아서 거대한 곡식창고에는 곡식이 넘쳐나게 되었습니다.

궁중에서 지낸 첫 7년은, 나라 전체의 농사가 잘 된 것만큼 나 개인에게도 풍성한 수확이 있었던 시절이었습니다. 내 아내 아스낫이 아들을 둘이나 낳았습니다. 나는 첫째 아들의 이름을 므낫세라고 지었습니다. '하나님이 나로 나의 모든 고난과 나의 아비의 온 집 일을 잊어버리게 하셨다'는 의미였습니다.[9] 둘째 아들은 에브라임이라고 이름 지었는데, '하나님이 나로 나의 수고한 땅에서 창성하게 하셨다'는 의미를 담고 있습니다.[10] 애굽 왕궁의 번영 속에서 나는 고향집과 나를 미워했던 형들을 잊을 수 있었고, 분노를 사그라뜨릴 수 있었습니다.

하지만 하나님께서는 형들이 시기심 때문에 동생을 팔아넘긴 일과 나의 아버지의 슬픔을 잊지 않으셨습니다. 하나님께서는 은근슬쩍 넘어가는 법이 없으십니다. 7년 간의 대기근은 가나안 땅

9 Westermann, 97.
10 Ibid.

도 덮쳤습니다. 북아프리카와 가나안 땅에 사는 사람들은 내가 관리하는 곡식창고에서 양식을 살 수 있었습니다. 결국 형들과 나는 애굽에서의 운명적인 결말을 맞이하게 되었습니다. 하나님의 치밀한 계획 하에서 말이죠.

## 오늘을 위한 적용

15살인 알베르토는 쿠바의 하바나에서 부모님과 마지막 포옹을 나누었다. 신중한 그의 아버지는 당시 쿠바의 새로운 지도자 밑에서는 신실한 그리스도인인 아들이 의사가 될 수 없다는 것을 알고 있었다. 공산주의는 지식인 계급이 일반 대중에게 영향력을 행사하지 못하게 했고, 레닌의 무신론이 득세하도록 하기 위해 성경적 신앙을 간직한 사람들을 추방해버렸다. 알베르토는 눈물을 삼킨 채, 가족을 꼭 껴안고 작별인사를 나누었다.

세인트루이스에 살고 있는 아저씨가 공항에서 따뜻한 라틴식 인사로 그를 맞아주었고, 자신의 집에서 함께 지내도록 해주었다. 하지만 아주머니는 별로 달가워하지 않았고 딱딱하고 쌀쌀맞은 태도로 그를 대하였다. 그래서 알베르토는 곧 다른 곳에 묵을 곳이 있는지 찾아보았다. 여름이 되었을 때, 그는 친구들과 함께 맨하탄으로 거처를 옮겼다.

그 지역에 사는 사람들 가운데 상당수가 마약 매매를 하면서 살았다. 하지만 알베르토는 교육을 잘 받은 사촌들처럼 살고 싶었다. 그는 잡지를 출판하는 회사에 들어가 우편물 취급하는 일을 하면서 열심히 공부했다. 고등학교를 졸업한 후에도 야간대학 과정을 이수하기 위해 아침에 한두 시간 짬을 내서 공부했다.

우편물 담당 소년으로 몇 년 간 일한 것을 계기로 알베르토는 유력한 사업체와 인맥을 쌓아나갔다. 고국을 떠나온 젊은 쿠바인의 강한 열정은 사람들의 눈길을 끌었다. 얼마 지나지 않아서 일자리 제안이 들어왔다. 대학 과정을 다 마쳤을 때는 그 어떤 것도 그의 출세가도를 가로막을 수 없었다. 그는 메디슨 가의 광고업계로 뛰어들었다.

나이 30이 되었을 때, 그는 중요한 광고들을 도맡아 할 정도로 성공을 거두었다. 강 건너 뉴저지 교외의 안락한 곳에 아름다운 집도 마련해서 아내와 세 자녀와 함께 평안한 삶을 살게 되었다.

35세가 되자, 그는 중역의 직책과 함께 15만 달러의 연봉을 회사에 요구했다. 마치 듬직한 후견인과도 같이, 빅 애플사는 이 이민자에게 요직을 내주었다. 그는 수석 부사장의 직위에 올랐다.

어느 월요일 아침, 알베르토는 책상 위에 있는 메모를 보았다. '메모를 보는 즉시 나에게 오도록! 중요한 문제로 의논할 일이 있네.' 알베르토는 겉옷을 챙겨 입고 넥타이를 매고서 활달하게 방에서 나오며 비서에게 소리쳤다. "난 지금 '뉴욕 타임스' 사람들을 만날 시간이 없어요. 다음에 내가 연락한다고 전해주세요!"

건물 맨 위층에 있는 사장실의 엄숙한 분위기는 숨소리도 함부로 낼 수 없을 정도였다. 두꺼운 카펫과 호사스러운 가구들이 아래층에서 일어나는 모든 움직임을 짓누르고 있는 듯했다. "빨리 와주어서 고맙네. 캐롤과 아이들은 잘 있는가?" 그는 손을 내밀어 자리에 앉으라고 권했다. 그리고는 안경을 끼고 서류를 꺼내 보았다.

"알베르토, 자네가 큰일을 성공적으로 따내어서 우리 회사에 지속적인 이익을 안겨주고 있는 것에 대해 감사하네. 그런데 한 가지 문제가 있어. 조나단이 금요일에 시카고에서 내게 전화를 했네. 그는 왜 자네가 '플레이보이' 지에 광고를 싣겠다는 그의 계획안을 계속 거부하는지 그 이유를 알고 싶다고 하더군. 플레이보이의 글과 인터뷰는 이미 많은 사람들이 선망하는 언론상을 타기도 했네. 심지어는 신앙심이 깊은 지미 카터조차도 선거 기간 중에 플레이보이와 인터뷰를 하지 않았는가? 이것은 이천오백만 달러가 걸린, 우리에게는 두 번째로 큰 규모의 거래라는 점을 명심하게."

조나단과 사장, 두 사람 다 실리만을 추구했다. 그들의 결정은 윤리적인 것보다는 손익계산에 따라 좌우되었다. 알베르토는 자신의 책상에 있는 짐을 싼 뒤에 거리로 뛰쳐나가 뉴욕의 수많은 구직자들과 같은 신세로 전락하게 될 자신의 모습을 잠시 떠올렸다.

"제가 플레이보이 같은 잡지에 광고를 싣지 않는 것에는 타당한 이유가 있습니다." 알베르토는 사장에게 말했다. "조나단과 저는 이 문제를 두고 여러 차례 의논한 바 있습니다. 여성들이 단지 남성들의 흥미의 대상이 아니라, 존엄한 인격과 개인적인 가치를 지닌 사람으로 대우받는 시대가 오고 있습니다. 사회의 전반적인 분위기는 물론이고 비즈니스계에도 그런 목소리가 높아지고 있습니다. 저는 포르노그라피의 파괴적인 영향력과 결탁하는 것보다는 고객들이 좀더 긍정적이고 조화로운 환경 속에서 광고를 접하도록 하는 것이 훨씬 더 효과적이라고 확신합니다. 포르노그라피의 파괴적인 영향력은 어떤 경우에는 여성과 아이들을 학대하고 죽이게 만들기도 합니다."

그러자 사장은 몸을 바짝 일으켜 세우고서는 이렇게 명령했다. "자네의 광고 계획 안에 플레이보이에 광고하는 걸 포함시키든지, 아니면 다른 일을 찾아보든지 하게. 나는 자네를 영구직으로 임명한 것은 아니네."

"지금 당장 사표를 제출하겠습니다." 알베르토는 머뭇거리지 않고 공손하고도 정중하게 말했다. "제 생각은 단순히 현대의 여권신장운동의 사고방식에서 나온 것이 아니라, 영원하고 절대적인 가치를 지닌 신앙에서 나온 것입니다. 예수 그리스도만이 내 죄를 사하시고 영원한 생명을 주실 분이십니다. 제게는 그분이 사장님보다 더 높은 주인이십니다. 바로 그분이 남성과 여성 모두를 자신의 형상대로 지으셨습니다. 그분은 모든 사람을, 남성과 여성 모두를 존엄한 존재로, 그리고 가치 있는 존재로 만드셨습니다. 그에 반하는 일을 저는 할 수 없습니다. 주님은 이렇게 말씀하셨습니다. '사람이 만일 온 천하를 얻고도 제 목숨을 잃으면 무엇이 유익하리요?'"

오늘날 비즈니스, 교육, 그리고 정치 분야에서는 신앙생활을 단지 주일 아침에 교회에 모여서 종교적인 행사를 치르는 것으로 국한해서 생각하는 경향이 있다. 향수를 불러일으키는 예배의식과 장례식이나 결혼식 같은 예식에 한해서만 기독교를 인정한다. 심지어는 그런 것만으로 기독교를 평가하기도 한다. 그리스도인들이 교회 이외에 사회 각 분야에서 침묵을 지키고 있기 때문이다. 우리는 그런 침묵에 대해 하나님께 이런저런 약속을 함으로써 자신을 합리화시키곤 한다. 만일 높은 지위에 오르고 성공하면 십일조를 바치겠다거나 어떤 모임에서 하나님을 증거하겠다는 그런 약속을 하면서 말이다.

요셉은 바로 앞에 섰을 때, 개인적인 안녕이나 성공에 대한 욕심 때문에 신앙을 팔아먹는 행동을 하지 않았다. 그는 하나님께서 나라의 장래와 자신의 미래를 인도하신다는 것을 믿었다. 자신이 꽤 쓸만한 사람이라고 아부하거나, 자신의 솜씨를 드러내거나, 인간적인 재능을 부각시킨다고 개인적인 안정이 보장되는 것은 아니다. 요셉은 바로의 왕궁으로, 초라하기 짝이 없는 죄수의 신분임에도 불구하고 담대히 하나님의 이름을 내걸고 나아갔다. 네 번씩이나 하나님의 이름을 언급하면서, 하나님께서 자신에게 허락해주신 능력을 개인적인 명예를 높이는 데 사용하지 않았다. 나는 코치, 운동선수, 사업가, 정치가들 중에 오늘날과 같은 사회 속에서도 요셉과 같은 신앙의 길을 걸어가며 메시아 신앙을 담대하게 선포하는 사람들을 볼 때마다 격려와 도전을 받는다. 비록 위험이 도사리고 있기는 하지만, 우리 역시 그들과 함께 그리스도를 선포하는 일에 동참해야 한다.

알베르토는 회사에서 있었던 일을 7시쯤에 아내 캐롤과 아이들에게 말해주었다. 사무실에서는 굳은 신념과 용기 있는 모습을 보여주었지만, 집에 돌아와서 가족의 얼굴을 보고 나니 가슴 속에 답답함, 불안, 두려움이 밀려왔다. 알베르토는 가족과 함께 거실로 가서 기도를 드렸다. 그들은 각자의 느낌과 걱정, 그리고 의문들을 세세히 나누었다. 가장 나이가 어린 8살 소피아가 마지막 기도를 드렸다. "예수님, 아빠는 예수님을 사랑해서 프레드릭 아저씨에게 진실을 말했어요. 아빠는 지금 하는 일을 정말 좋아해요. 우리는 이 집이 좋구요. 아빠가 직장을 옮겨도 이해할 수는 있지만, 아마도 예수님이 사장님의 마음을 변화시켜 주실 수 있으실 거예요. 예수님의 이름으로 기도드립니다. 아멘."

다음날 10시쯤 알베르토의 비서가 전화를 걸어왔다. "지금 어디십니까? 타임즈 사람들이 더 이상 기다릴 수 없답니다. 타임즈 발행인과의 점심식사 약속을 잡으라고 프레드릭 사장님께서 말씀하셨습니다. 그리고 또 이런 말을 전해주라고 하시더군요. '시카고 건은 없던 문제로 하겠네.' 그렇게 말하면 부사장님께서 이해하실 것이라고 하셨습니다."

사회의 각 분야에서 대담한 신앙의 삶을 사는 사람들이 항상 요셉이나 알베르토처럼 합당한 보상을 받는 것은 아니다. 온 우주의 통치자 앞에 서서 상을 받기까지 기다려야 할 수도 있다. 하지만 현재의 결과가 어떻든지 간에 우리는 주님께 충성을 다해야만 한다.

요셉은 세상 속에서 단순히 입으로만 하나님을 증거하는 사람이 아니었다. 그에게는 앞날에 대한 철저한 계획이 있었다. 하나님의 자녀들이 주님의 증인이 되는 데는 열심만 있어서는 안 된다. 지혜가 반드시 동반되어야 한다.

풍년과 흉년이 14년 동안 번갈아 임할 것이라는 하나님의 특별한 계시는 좋은 시절이나 어려운 시절 모두 영원히 지속되지는 않는다는 일반적인 경제 원리를 시사해주고 있다. 그러므로 지혜로운 사람이나 국가는 풍요로운 때에 미리 쓸 것을 저축해 두었다가 어려운 시절에 기아에 허덕이지 않도록 대책을 세운다.

미국은 지난 80년대에 눈부신 성장을 이루었고, 풍요에 젖어 도취될 지경에까지 이르렀다. 도날드 트럼프와 같은 실업가들은 수백만 달러짜리 부동산 거래를 하는 모험을 감행하기도 했다. 90년대에 이르러서야 과도한 소비풍조가 사그라지기 시작했다.

창세기 41장과 잠언 6장의 말씀은 우리에게 풍요로운 시절에 저축을 해서 곤란한 때를 대비하라고 가르치고 있다. 전 인류를 충분히 먹여 살리기 위해 가용자원을 지혜롭게 관리, 분배하는 일과, 빈틈없는 계획을 세우는 일이 여전히 과제로 남아 있다. 그러나 신약시대의 신자들에게 주어진 명령은 육신의 양식 이상의 것에 초점이 맞추어져 있다. 우리는 세상의 영적인 기근 문제를 해결할 수 있는 생명의 떡을 간직하고 있다. 그러므로 우리는 요셉과 같이 지혜롭게 계획을 세우는 사람이 되어야 한다.

1973년에 계획과 꿈을 간직한 다섯 쌍의 부부가 신학교를 졸업했다. 그들의 꿈은 동유럽에 그리스도의 복음을 전하는 것이었다. 그들은 철의 장막 안으로 들어가 지도자들을 양성하여 그들에게 성경과 복음을 가르치고 영적인 훈련을 시킬 계획이었다. 그들은 어렵고도 때로는 위험하기까지 한 여행을 수없이 많이 했다. 조용히 일하는 가운데 그들은 그 지역에 사는 신자들의 신뢰를 얻었다. 그들은 함께 모여 기도하고, 성경을 연구하고, 새로운 형제, 자매들과 함께 그들이 해야 할 일들을 계획해 나갔다. 베를린 장벽이 무너져 내렸을 때, 그들이 기울여온 노력의 결과로 이미 준비된 성숙한 신자들이 자신들에게 찾아온 자유의 기회를 놓치지 않고 자신의 민족에게 그리스도를 전하게 되었던 것이다.

한때 미드로디안 교회를 섬겼던 에드와 코키 머리 부부도 그 다섯 쌍의 부부 가운데 한 쌍이다. 그 후에도 거의 20여 년 동안 그들은 오스트리아와 루마니아와 독일을 두루 다니며 복음을 신실하게 전하며 많은 제자들을 키워냈다.

---

"예수께서 가라사대 내가 곧 생명의 떡이니 내게 오는 자는 결코 주리지 아니할 터이요 나를 믿는 자는 영원히 목마르지 아니하리라"(요 6:35).

## 08 죄책감

"내가 토설치 아니할 때에
종일 신음함므로
내 뼈가 쇠하였도다
주의 손이 주야로 나를 누르시오니
내 진액이 화하여
여름 가물에 마름같이
되었나이다."
(시 32편 3~4절)

**인간이** 죄를 짓고 나서 처음으로 보이는 반응은 죄를 숨기고 부정하면서, 아무 잘못도 저지르지 않은 체하며 살아가는 것이다. 잘못을 저지르고도 숨기는 것은 가족 가운데 분노, 실망, 그리고 거리감을 낳는다. 또한 아무도 진실을 고백하려고 하지 않게 된다. 용서하기를 거부한 사람들은 머지않아 하나님이 바로 대적자라고 주장하기 시작한다. 속임수가 점점 더 도를 더해 가면, 우리는 사랑과 은혜의 하나님이라는 관념은 단지 어린시절의 순진한

환상에 불과할 뿐이라고 주장하기에 이른다. 숨겨진 죄 위에 그럴싸한 지적인 주장으로 두꺼운 딱지를 덧입힌다. 그 상태로 편안하고 성공적인 삶을 살아가는 동안, 그 딱지는 죄라는 상처를 완전히 감추어버리고 만다. 하지만 하나님께서는 우리를 사랑하시기 때문에 이러한 위선을 끝까지 내버려두지 않으신다.

20여 년 동안 유다와 그의 형제들은 피 묻은 겉옷의 진실을 숨긴 채 살아왔다. 하지만 생명을 위협할 정도의 기근에 맞닥뜨리자 그들은 서로 얼굴을 맞대고 그들이 지었던 죄와 동생 요셉을 생각하게 되었다. 애굽의 총리대신이 기근 때문에 양식이 다 떨어진 사람들에게 식량을 팔기 시작했다는 소식을 전해 들었을 때 야곱은 안도의 숨을 내쉬었다. 그런데 그 아들들은 식량을 사러 갈 생각을 하지 않고 있었다. 야곱은 그들이 왜 그러는지 도저히 이해할 수 없었다. 다음은 형제들과 함께 식량을 구하기 위해 애굽으로 떠날 수밖에 없었던 당시의 위기 상황에 대한 유다의 설명이다.

## 죄책감으로 인한 무력감

가뭄 때문에 땅은 거북이 등처럼 말라비틀어졌습니다. 그래서 씨는 단단한 땅을 뚫고 뿌리를 내릴 수 없었고, 바람이라도 불라치면 그대로 날아가 버렸습니다. 우리가 기르는 염소와

양도 더위에 지쳐갔고, 이미 많은 놈들이 죽었습니다. 위기가 닥치자 나는 케지브 지역에서 가족들이 머물고 있던 브엘세바로 돌아왔습니다. 우리 형제들이 똘똘 뭉친다면 이 난국을 헤쳐 나갈 수 있으리라고 여겼습니다. 그러나 식량은 나날이 줄어들기만 했습니다.

어느 날 저녁에 아버지가 화를 내며 말씀하셨습니다. "너희들도 소식을 들었을 것이다. 애굽에는 식량이 많다고 하더구나. 굶어죽지 않으려면 애굽에 내려가서 곡식을 사와야 하지 않느냐! 왜 서로 바라보기만 하면서 멍청하게 있는 게냐?"(창 42:1, 2).

아버지가 던진 질문은 우리 열 형제들을 정말 곤란하게 만들었습니다. 우리는 우리가 왜 그럴 수밖에 없는지 그 이유를 알고 있었지만 아버지에게 진실을 말할 용기는 아무에게도 없었습니다. '왜 동생의 울부짖음을 외면했었나? 이스마엘 상인들이 동생을 묶어서 끌고갈 때, 내가 어떻게 그렇게 기뻐할 수 있었을까?' 애굽이라는 말만 들어도 내 마음 속에서는 종살이에 찌든, 혹은 이미 죽은 요셉의 모습이 떠올랐습니다. 우리가 머뭇거릴 수밖에 없는 이유를 우리 모두는 잘 알고 있었습니다. 그렇지만 당장 뱃속에서 먹을 것을 달라고 아우성을 치는 통에 결국 요셉을 만나게 될지도 모른다는 끔찍한 두려움은 접어두기로 했습니다.

애굽에는 수천 명의 노예들이 일하고 있습니다. 게다가 그 나라는 대단히 큰 나라였기 때문에 그 녀석을 만날 가능성은 거의 없

었고, 설사 그 녀석을 만난다고 해도 알아보지 못할 거라고 판단
했습니다. 우리는 서둘러서 여행 떠날 준비를 했고, 며칠 후에 요
셉이 걸어갔던 길을 따라 브엘세바와 멤피스 사이에 있는 가자
지구의 사막을 건너갔습니다. 베냐민도 아버지에게 형들을 따라
가겠노라고 애원을 했지만, 어림도 없는 일이었습니다. 사랑하는
아들에 대한 아버지의 과잉보호는 세월이 지나도 사라지지 않았
습니다. 늙은 아버지는 사랑하는 아들을 잃어버리게 될까봐 노심
초사하셨던 겁니다.

## 모함

나는 값이 비싸더라도 국경 근처에 있는 첫 번째 곡식창고에
서 양식을 산 뒤에 곧바로 고향으로 돌아오려고 생각했습
니다. 첫 번째 곡식창고에서 곡식을 사기 위해 늘어선 대열은 상
당히 길었지만 빨리 줄어들었습니다. 우리 순서가 돌아오자 우리
는 나귀에 곡식을 가득 싣고 바로 집을 향해 떠나려 했습니다. 그
런데 감독관으로 보이는 사람이 우리 열 사람을 의심하면서 이것
저것 묻기 시작했습니다. 우리 가운데 네 사람 정도만 오는 것이
더 나았을 거라는 생각이 들었습니다. 왜 애굽인들은 타국인들,
특히 북쪽에서 온 사람들에 대해 그렇게 경계하는 것일까요?[1] 그

---

**1** Gerhard Von Rad, Genesis, 382-383.

는 우리가 하는 말을 듣고 나서는 잠시 기다리라고 하고서는 자리를 떴습니다. 뭔가 좀 이상하게 돌아가는 듯했습니다. 그 사람의 태도는 형식을 따지는 관료주의자들의 일상적인 태도와는 분명히 달랐습니다. 그는 통역관을 데리고 다시 우리 앞에 나타났고, 통역관이 그의 말을 우리에게 전해주었습니다. "당신들을 좀 더 조사해 보아야겠소! 당신들은 상급 기관에 가서 심문을 받을 것이오!" 될수록 빨리 그 곳을 떠나려던 우리의 생각은 완전히 물 건너가고 말았죠.

거리에 수많은 사람들이 늘어서 있는 것과 거대한 돌 건축물, 스핑크스, 그리고 총리대신의 방 입구에 서 있는 건장한 경호원들을 보니 애굽의 수도 중심에까지 끌려왔음을 알 수 있었습니다. 대체 무슨 일 때문인지 영문을 알 수 없었습니다. 분명 좋은 일은 아닐 거라는 불안감이 솟아올랐습니다. 우리는 상당히 높은 지위에 있는 것처럼 보이는 사람 앞으로 끌려갔습니다. 우리의 운명과 우리 가족의 생명이 그 사람의 손에 맡겨진 것입니다. 그곳은 군주가 다스리는 땅이었기 때문에 우리는 이마를 땅에 조아리고 그에게 절을 했습니다. 심문이 시작되었습니다. 고전적인 궁정 언어는 하나도 알아들을 수 없었지만, 통역자가 있었기에 모든 말을 히브리어로 전해들을 수 있었습니다.

"너희들은 어디에서 왔느냐?"

"가나안 땅에서 식량을 사러 왔습니다."

순간적으로 나는 '가나안'이라는 말을 괜히 했나 싶은 생각이 들었습니다. 우리가 지나오면서 보았던 북동쪽 국경선 근처의 성채들만 보더라도 가나안 지역에 대한 애굽인들의 감정이 그리 좋은 편은 아니라는 사실을 알 수 있었기 때문입니다.[2]

"너희는 정탐꾼이 틀림없다! 이 나라의 취약한 부분이 무엇인지 염탐하러 온 것이 분명해!"

그는 그렇게 단정 짓고 우리를 몰아세웠고, 우리가 하는 말은 들으려고도 하지 않았습니다. 마치 KGB(옛 소련의 경찰, 정보 기구)의 심문관처럼, 그는 자신의 지위로 우리를 짓눌러버렸습니다. 다급해진 우리는 울먹이면서 집안 사정까지 소상히 말했습니다. 늙은 아버지와 잃어버린 동생, 그리고 집에 남아 있는 막냇동생 이야기까지 하나도 빠짐없이 솔직하게 말입니다![3]

"너희는 정탐꾼이다!" 그는 단호하게 이 말을 반복했습니다. "정 그렇다면 너희의 말이 사실인지 시험해보겠다. 바로의 생명을 걸고 맹세하건데, 너희가 막냇동생을 이 곳으로 데려온다면 너희 말을 믿어주겠다. 너희 중 한 명만 돌아가서 그 막냇동생을 데려오도록 하고 나머지는 이 곳에 볼모로 남는다. 만일 막냇동생을 데려오지 못하면 너희 말을 모두 거짓말로 간주해서 너희는

---

2 Westermann, 108.
3 창 42:11, 19, 31, 33, 34. 전체 사건의 핵심은 형들의 정직함에 있다. 과거에 그렇게 엄청난 거짓말을 했던 그들이 이제 완전히 변화된 것일까?

정탐꾼에 준하는 엄한 처벌을 받게 될 것이다."

총리대신은 경호원들에게 신호를 보냈습니다. 우리는 다시 체포되었고, 감옥에 갇혔습니다. 총리대신은 자신의 제안을 바로 실행하지 않았습니다.

불안감과 두려움에 휩싸인 채 3일을 갇혀 있는 동안 옛날 일이 생각났습니다. 강퍅하게 굳어 있던 우리의 양심이 말문을 열기 시작했습니다. 정말 아이러니가 아닐 수 없었습니다. 우리는 몇 년 동안이나 진실을 숨기고 지냈습니다. 그런데 이제 감옥 속에 앉아서 스스로 진실을 고백하게 된 것입니다.

삼 일이 지나자 감방 문이 열리고 두 번째 심문이 있었습니다. 우리가 다시 총리대신의 면전에 서게 되었을 때, 그가 하는 말을 듣고 우리는 굉장히 놀랐습니다. "나는 하나님을 경외하는 사람이다. 만일 너희가 이 시험을 통과하면 너희를 살려줄 것이다. 너희 가운데 한 명만 붙들어 두겠다. 나머지는 곡식을 싣고 가족들이 있는 고향으로 돌아가라. 그런데 한 가지 조건이 있다. 너희 말이 사실이라는 것을 증명하기 위해 막냇동생을 데려와야 한다. 그러면 남아 있는 한 명도 풀려나게 될 것이다."

애굽 총리대신이 히브리말을 알아듣지 못할 거라 생각하고 있었기에 우리는 후회와 절망이 섞인 탄식을 늘어놓았습니다. "우리가 동생에게 큰 죄를 저질렀다. 그의 고통을 보고도, 그의 신음

소리를 듣고도 왜 돌아보지 않았던가? 이것이 그에 대한 벌이다."

르우벤 형은 자신의 말을 듣지 않아서 이렇게 되었다고 우리를 원망했습니다. 그때 나는 문득 총리대신의 얼굴을 보았습니다. 그는 고개를 돌리고 있었습니다. 그런데 눈물을 흘리고 있는 것 같아 보였습니다. 물론 제 착각이었겠지요? 그가 다시 고개를 돌려 우리를 보았을 때, 그는 시므온을 지목했습니다. 병사들이 시므온에게 차꼬를 채우고 데려갔습니다. 그리고 우리들을 밖으로 데리고 나갔죠. 나와 보니 곡식을 가득 실은 부대자루가 우리를 기다리고 있었습니다. 우리는 나귀에 곡식을 싣고 떠나라는 지시를 받았습니다.

지중해에서 1.5킬로미터 정도 떨어진 마을에서 우리는 하룻밤을 보냈습니다. 하루 정도만 더 가면 집에 도착할 예정이었습니다. 우리가 짐을 내릴 때 납달리가 나귀에게 먹을 것을 주기 위해 부대자루를 열었습니다. 그런데 숨이 멎을 정도로 깜짝 놀라지 뭡니까! 부대자루에는 우리가 애굽 관리에게 곡식 값으로 지불했던 은전이 그대로 담겨 있었습니다. 정탐꾼 누명에, 이제는 도둑 누명까지 쓰게 될 게 뻔했습니다. 그 은전에 대해 우리가 어찌 달리 생각할 수 있었겠습니까? 바로 하나님께서 동생 일로 우리를 벌하시기 위해 초자연적인 간섭으로 심판하시려는 것이 분명하

다고 생각할 수밖에 없지 않았을까요?(창 42:28)

우리는 급히 브엘세바로 달려가 애굽에서 겪었던 일을 아버지에게 설명했습니다. 아버지는 왜 가족에 대해 그토록 소상히 말했느냐며 화를 내셨습니다. 우리는 각자 자신의 부대자루를 풀어보았습니다. 납달리의 자루와 마찬가지로 모든 자루에는 우리가 가지고 갔던 돈이 그대로 담겨 있었습니다. 그것을 보고 아버지의 분노는 두려움으로 바뀌어버렸죠. 아버지의 절망적인 탄식이 터져 나왔습니다. "요셉도 떠났고, 시므온도 돌아오지 못했는데, 이제는 베냐민마저 데려가려고 하는구나. 너희가 나를 자식 없는 사람으로 만들려고 작정을 한 모양이구나!"(창 42:36, 38)

르우벤 형은 베냐민을 반드시 데려오겠다고 장담했습니다. 급한 마음에 만일 베냐민을 데리고 돌아오지 못한다면 자신의 아들을 죽여도 좋다고 맹세까지 했습니다. 아버지는 울분을 토하면서 소리쳤죠. "어떻게 할아버지가 되어 잃어버린 아들 대신 손자들을 죽일 수 있단 말이냐?"

결국 우리는 애굽으로 떠나지 못했습니다. 애굽에서 가져온 식량은 점점 줄어들어 갔습니다.

## 오늘을 위한 적용

내 아내 메리는 빡빡한 일정을 잠시 밀쳐두고 근사하고 로맨틱한 휴식시간을 갖기로 마음먹었다. 포트 워쓰에서 니얼 다이아몬드 콘서트를 보면서 하루저녁 데이트를 즐기려는 계획이었다. 메리는 아무도 몰래 한 친구를 통해 티켓을 구입했다. 그리고 나도 모르게 그날 내 일정을 비워놓게 만들었다. 콘서트가 열리기 일주일 전 저녁식사 때까지만 하더라도 아무 문제가 없었다. 그런데 16살 된 조엘이 식탁에 앉으면서 이렇게 말했다. "엄마, 니얼 다이아몬드 콘서트 티켓을 벌써 구하셨어요?"

세련된 꽃병이 바닥에 떨어져 깨지듯이 메리가 철저하게 준비한 깜짝쇼가 완전히 무산되는 순간이었다. 아내는 울음을 터뜨렸고 나는 화가 치밀었다. "조엘, 어쩌면 그렇게 입이 무겁지 못하니? 깜짝쇼를 보이려는 엄마의 소망을 어떻게 그렇게 짓밟을 수 있어?" 나는 조엘이 당혹스러워하면서도 내 말에 마음이 상했다는 것을 알았지만 그치지 않았다. "너한테 정말 실망했다!" 저녁을 먹기 시작했지만, 가족들 모두가 풀이 완전히 죽은 듯했다.

"그 녀석은 말을 꺼내기 전에 먼저 생각하는 습관을 길러야 해. 그리고 좀 더 신중해질 필요가 있어!" "그 녀석은 엄마 마음에 상처를 주었어. 마음은 좀 상했을 테지만, 내가 한 말을 듣고 뭔가 깨달았을 거야!" 이튿날 내내 나는 이런 변명을 늘어놓으면서 전날의 내 행동을 스스로 정당화시켰다. 조엘의 행동을 심하게 꾸짖었던 것에 대한 그럴듯한 이유를 확보한 셈이었다.

하지만 그날 저녁, 나는 내 잘못을 인정할 수밖에 없었다. 내가 안방에서 TV 뉴스가 나오기를 기다리며 안락의자에 편안하게 앉아 있을 때, 메리는 8살 난 제니에게 자장가를 불러주고 있었다. "데이브, 제니가 잠을 잘 수 없나봐요!" 메리는 내 어깨에 손을 얹으며 말했다. "제니가 당신에게 할 말이 있대요."

내키지는 않았지만 나는 의자에서 일어나 제니의 방으로 건너갔다. 제니의 침대 곁에 앉아 물었다. "엄마가 그러는데, 잠을 잘 수 없다면서? 무슨 일이 있는 게냐?"

"아빠, 왜 조엘 오빠에게 그렇게 화를 내셨는지 알고 있어요. 오빠가 엄마의 깜짝쇼를 망가뜨렸기 때문에 마음이 상하신 거죠? 하지만 오빠도 마음이 많이 상했어요. 오빠가 엄마의 계획을 망치려고 의도적으로 그랬던 것은 아니에요. 실수였어요. 그래서 오빠도 마음에 상처를 받았어요!"

'8살 난 아이가 대체 뭘 안다고 아빠가 화낸 것을 잘못했다고 지적하는 것인가? 나는 아이의 아빠이고, 게다가 교회 목사인데 말이지.' 이런 못된 생각이 그 순간에 내 마음속에 자리 잡을 수도 있었다. 하지만 그런 생각은 단지 내가 가진 권위로 나 자신을 두둔하려는 오만한 생각일 뿐이었다. 제니가 옳았다. 그 아이는 내 잘못을 정확하게 지적했다. 결국 나는 조엘을 찾아가서 "아빠가 잘못했구나"라고 사과했다.

나는 분노를 정직하게 직시해야 하고, 잘못을 솔직하게 인정해야 하며, 상대방의 얼굴을 똑바로 보고 용서를 빌어야 한다고 강조하면서 설교를 하곤 한다. 그런데 다른 사람이 내게 손가락질을 하며 "바로 당신이 그렇게 해야 할 사람이오!"라고 설교한다면, 솔직하게 말해서 마음속에서 거부감이 강하게 일 것이다. 내 아이들에게 있는 대로 화를 다 쏟아내고서는 다시 돌아서서 아이의 눈을 마주보고 용서해달라고 사과하는 것은 여전히 쉽지 않은 일이다. 하지만 내가 오히려 숨기려 하고 나의 행동을 정당화시키려고만 한다면, 우리 가족들은 무시무시한 속임수로 철저히 자신을 위장하기 시작할 것이다.

그러면 우리 아이들은 주일 아침과 다른 시간과 완전히 다른 모습을 지닌 아빠를 보면서 살아야 한다. 주일 아침에 수백 명의 사람들 앞에서 메시지를 전하는 아빠의 모습은 정말 사랑이 넘치고, 부드럽고 가정적인, 다정한 모습이다. 하지만 나머지 시간에는 자신들을 꾸짖기만 하는, 도저히 이해할 수 없는 아빠, 그리고 말을 걸기조차 어려울 정도로 멀게만 느껴지는 아빠의 모습만이 눈에 비치게 된다. 이러한 말 못할 비밀을 안고 살아가는 기독교 지도자들의 가정이 많이 있다. 나는 그들과 그 자녀들의 삶이 결국 그 비밀 때문에 피폐해지는 모습을 수없이 보았다.

그들은 자신들이 지닌 영적 권위와 위치 때문에 개인적인 책임이나 책망으로부터 자유롭다는 거짓 믿음을 가지고 살아간다. 그들은 위대한 사도 베드로조차 사회적인 압력 때문에 이방인과 함께 했던 자리를 떠나려 했을 때 다소 출신의 신참내기 신자에게 질책 받았다는 사실을 잊어버리곤 한다. 베드로는 그때 바울의 책망을 듣고 자신의 잘못을 인정했다. 가정이나 교회에서의 영적 권위가 잘못을 덮어두는 일에 사용되어서는 결코 안 된다. 때로는 자신을 교묘하게 합리화시키는 어른들보다 어린아이들이 바른 분별력을 나타낼 수 있다. 우리는 그들의 말에 귀를 기울여야 한다. 겸손하라! 정직하라!

자신의 죄를 덮어두고 있다면 우리는 우리가 죽음의 경지로 내몰고 있는 양 떼들의 울부짖음 - 간혹 그것이 침묵의 외침이기도 하지만 - 을 들을 수 없다. 아내 몰래 바람을 피우는 남편은 자신의 행동을 이렇게 정당화시킬 것이다. "내가 바람피우는 건 모두 마누라 때문이야. 그 여편네는 몇 년 동안 내게 전혀 관심도 두지 않았어. 항상 잔소리만 늘어놓고 화를 내기만 했지. 솔직히 말해 우리 결혼생활은 오랫동안 아주 엉망진창이었어. 사실 우리는 이제 서로를 사랑하지 않아. 아마 그 여편네도 그렇게 생각할 거야. 이런 상태에서 아이들을 키운다는 것은 잘못된 일이야. 우리의 선택은 하나뿐이야. 결혼생활을 청산하고 새로운 배우자를 만나서 그야말로 단란한 가정을 꾸리는 거야." 이건 모두 다 새빨간 거짓말이다!

이런 식으로 자신의 잘못을 인정하지 않고 계속 변명한다면 당신은 결코 고통당하고 있는 사람들의 절규를 들을 수 없다. 부도덕한 행동은 마음을 상하게 한다. 그로 인해서 결국 아내나 남편은 자신들의 관계가 끝나버린 것처럼 느낀다. 한번 배신을 당하고 나면 더 이상 상대방을 신뢰할 수 없게 된다. 아이들의 눈에서는 밤마다 눈물이 그칠 줄 모른다. 하나님의 법을 어길 때 우리는 다른 사람에게 상처를 입힌다. 그리고 나서도 완고하게 자신의 잘못을 숨긴다면 고통당하는 사람의 울부짖음에 귀를 막아버리는 것이다.

우리의 따뜻한 가슴이 어디로 사라졌는가? 우리는 다른 사람의 절규소리에 귀를 기울이는가? 우리가 잘못을 저지를 때 가슴이 아픈가? 우리는 다른 사람을 잘 배려하는가? 부정직에 강하게 반발하는가?

하나님에게서 멀어지면 우리는 언제나 자신을 거짓으로 가장한다. 하지만 그 자리에서 돌아선다면 양심의 소리가 다시 들려올 것이다.

유다와 그의 형제들과 같이 우리는 계속 자신이 정직하다고 주장하면서 우리 인생이 너무나 불공평하다고 이의를 제기하기도 한다. 하나님께서는 외모를 취하는 분이 아니시다. 하나님께서는 우리에게 정직이 무엇인지 가르쳐주실 것이다. 그리고 우리가 저지른 죄에 합당한 형벌을 내리실 것이다.

우리는 직관적으로 죄의 대가가 무엇인지 안다. 그것은 요셉의 형들이 어려움에 부딪히게 되자, 곧바로 하나님의 심판이 그들에게 임했다고 단정 지은 까닭을 설명해준다. 죄를 지은 사람은 깊은 두려움을 느끼는 동시에 반항하는 모습을 드러낸다.

유다와 그의 형제들을 유심히 살펴보고 우리가 얼마나 하나님의 의도를 잘못 이해할 수 있는지 관찰해보라. 그들이 가져갔던 돈이 그대로 자신들의 부대에 담겨 있었던 것은 그들을 정죄하기 위해서가 아니라 그들에게 은총을 베풀어주기 위한 것이었다. 하나님께서 그들의 추악하고 야만적인 죄악에도 불구하고 그들에게 구원을 베풀기 위해 자신의 종을 전략적인 위치에 두셨다. 그래서 그들은 심한 기근 때에도 가족을 먹여 살릴 식량을 구할 수 있었다.

가족이나 각 개인이 계속 진실을 부인한다면, 어려움이 닥칠 때마다 이렇게 하나님을 비난할 것이다. "만일 하나님이 선한 분이라면 어떻게 이런 일이 우리에게 일어나도록 놔두신단 말인가?" 우리의 교활한 이성은 우리의 영적인 생명력을 파괴시키는 증오, 거짓, 부도덕함, 교만을 밝히 보여주는 내적인 엑스레이 필름을 희미하게 만들어버린다.

그럼에도 불구하고 하나님께서는 여전히 우리 삶 가운데 있는

'기근'을 이용해서 우리를 정직하게 만드시고, 구세주 앞에 우리 죄를 고백하도록 인도하신다. 예수님은 우리를 정죄하고 파멸시키기 위해서 이 땅에 오신 것이 아니라, 우리를 구원하시기 위해 오셨다. 유다와 그의 형제들은 애굽 통치자의 얼굴을 바로 보아야만 했다. 당신은 온 우주의 통치자의 얼굴을 제대로 바라본 적이 있는가? 그분 앞에서는 모든 속임수와 가식이 드러난다. 하지만 우리는 그 진실의 뜨거운 불 속에서 하나님의 사랑과 용서의 온기를 느낄 수 있다.

죄를 저지른 사람이 자신의 죄를 고백하는 것은 쉽지 않은 일이다. 하지만 상황이 변해서 그 사람이 저지른 죄 때문에 상처받았던 사람이 높은 자리에 앉게 되었을 때, 자신에게 상처 주었던 상대방을 용서하는 것은 더 어려운 법이다. 자신에게 피해를 준 사람에게 직접 복수하고 싶은 유혹은 정말 피하기 힘들다. 다음 장에서 이 문제를 다루게 될 것이다. 요셉이 바로 이 피하기 힘든 유혹에 직면했다. 그리고 '다른 사람에게 피해를 준 악인도 때가 되면 진정으로 변할 수 있는가'라는 의문도 그 앞에 놓여 있었다.

> "내가 이르기를 내 허물을 여호와께 자복하리라 하고 주께 내 죄를 아뢰고 내 죄악을 숨기지 아니하였더니 곧 주께서 내 죄의 악을 사하셨나이다"(시 32:5).

## 09
# 시험

"보수는 내 것이라
그들의 실족할 그때에
갚으리로다 그들의 환난의 날이
가까우니 당할 그 일이
속히 임하리로다."
(신 32장 35절)

**만일** 당신의 동업자가 회계장부를 교묘하게 조작하여 수천만 원을 착복했다고 가정해보자. 그리고는 그 일이 드러나기 전에 당신과의 동업관계를 청산하고 잠적해버렸다. 몇 개월 후 당신은 회사가 망하는 것을 타는 마음으로 혼자 지켜보아야만 했다. 20년이 넘는 세월 동안 당신은 엄청난 빚을 갚기 위해 힘든 일도 마다하지 않고 닥치는 대로 해야 했다. 그러다가 전략 소프트웨어 패키지를 개발함으로써 당신은 하룻밤 사이에 수십억 원을 벌어들이는 사람이 되었다.

반면, 당신의 동업자였던 사람은 정반대의 운명에 처하게 되었다. 그는 자신이 착복한 많은 돈을 눈 깜짝할 사이에 다 허비해버렸고, 몇 번 더 사기를 치다가 마침내 완전히 파산해버리고 말았다. 게다가 아내도 그를 떠나버렸다. 그 상태에서 어느 날 당신에게 도움을 요청하러 왔다. 당신은 어떻게 그를 대할 것인가? 당신이 그를 신뢰할 수 있을까? 그를 용서해야 할까? 20년 간 당신이 받은 상처는 어쩌란 말인가? 유다와 그의 형제들이 요셉 앞에 섰을 때 요셉은 이러한 의문을 품었을 것이다.

반면, 유다가 직면한 의문은 전혀 다른 것이었다. 위험에 처한 지금 또다시 동생을 팔아먹어야 하는가? 젊었을 때 저질렀던 죄악을 지금 다시 반복해야 하는가? 그렇게 해서 다시 가나안 땅으로 안전하게 돌아갈 것인가? 20대였을 때 그는 질투심 때문에 동생을 종으로 팔아넘겼다. 그는 요셉의 울부짖는 소리와 아버지의 슬픔을 돌아보지 않았다. 20년 후에 아버지가 총애하는 또 다른 동생을 손쉽게 없앨 수 있는 기회가 그에게 또다시 찾아왔다. 과연 '사람이 완전히 변화될 수 있을까?'

이것이 바로 요셉과 유다가 만나는 장면인 창세기 43장과 44장에서 나타나는 갈등이다. 요셉은 성공해서 권력을 쥔 자리에 앉아 있었고, 자신에게 해악을 끼쳤던 사람에게 복수할 수 있는 기회를 얻게 되었다. 그는 과연 어떻게 행동할 것인가? 유다에게는 생사가 걸린 위기가 닥쳐왔다. 그런데 그 위기를 모면하면서 아버지가 총애하는 이복동생까지 없앨 수 있는 일거양득의 기회가 찾아왔다. 유다의 질투심에 또다시 시험이 찾아온 것이다. 그는 과연 예전과 같은 범죄를 또다시 저지를 것인가? 이것은 유다의 시험이기도 하지만, 요셉의 시험이기도 했다. 먼저 유다의 말을 들어보자.

## 무거운 책임을 짊어진 지도자(가나안에서의 유다)

애굽으로 베냐민을 데려가지 못하게 하려는 아버지의 결심은 식량이 바닥날 때까지만 유효했을 뿐입니다. 가족회의가 열렸을 때, 아버지는 자신의 고집 때문에 식량을 구하러 갈 수 없다는 사실은 무시한 채, 우리들에게 애굽에 가서 식량을 구해오라고 재촉하기만 했습니다. 나는 답답한 마음에 아버지에게 따지듯 말했죠.

"애굽의 총리대신이 우리에게 막내를 데려오지 않으면 다시는 돌아갈 수 없을 거라고 바로의 이름으로 맹세까지 하면서 경고했단 말이에요. 베냐민이 없으면 우리는 돌아올 수 없어요."

요셉을 잃은 깊은 슬픔을 떨쳐버리지 못한 아버지는 우리에게 비난의 칼날을 던졌습니다.

"너희들은 왜 내게 이런 슬픔을 안겨주는 것이냐? 베냐민이 있다는 말은 왜 꺼냈느냐?"

우리는 애굽의 총리와 나누었던 대화의 과정을 세세히 설명해 주었습니다. 그가 베냐민을 데려오라고 명령을 내릴지 누가 생각이나 했겠습니까? 그렇지만 아버지와의 입씨름은 아무런 소득도 없이 계속되었습니다. 모든 가족이 다 굶어죽기 전에 책임을 지고 나설 사람이 필요했습니다.

그때 제가 말을 꺼냈습니다. "아버지, 동생을 제게 맡겨주십시오. 제가 동생의 안전을 책임지겠습니다. 만일 제가 베냐민을 데리고 돌아오지 못한다면, 제가 그 죄를 뒤집어쓰겠습니다. 빨리 식량을 구해오지 않으면 온 가족이 굶어죽을 겁니다. 아버지가 고집을 꺾었다면 우리가 애굽에 벌써 두 번은 갔다 올 수 있었을 겁니다."

선택의 여지가 없었습니다. 아버지도 결국 뜻을 굽혔죠. 무엇인가를 협상할 때 빈틈없는 아버지의 재간은 나이가 들어서도 여전했습니다. 아버지는 가나안 땅에서 생산되는 가장 좋은 물품 – 향유, 꿀, 향품, 몰약, 비자와 파단행 등을 나귀에 실어 보냈습니다. 혹시라도 그것들로 총리대신의 환심을 사지 않을까 기대하면서 말입니다(잠 21:4). 우리들은 양식을 구입할 돈보다 배나 많은 돈을 싣고 출발했습니다.

우리 일행이 광야 길로 접어들었을 때, 나는 아버지가 우리에게 했던 마지막 말을 생각해보았습니다. "전능하신 하나님께서 그 사람 앞에서 너희에게 은혜를 베푸시길 원한다. 너희가 동생 베냐민을 데리고 돌아오길 바란다. 내가 자식을 잃게 된다면 그대로 받아들이겠다" 아버지의 눈시울이 슬픔과 애통으로 짙게 젖어 들었습니다.

"아버지가 정의를 간구하지 않은 것에 대해 하나님께 감사드립니다!" 나는 숨을 죽이며 이렇게 중얼거렸습니다. 아버지는 우리가 전능하신 하나님의 자비를 얼마나 많이 받아야 하는지 모르고 있었습니다. 그분은 증조할아버지인 아브라함에게 약속의 아들을 주셨고(창 17:1), 가나안 땅을 주기로 약속하셨고(창 28:1~4), 아버지에게는 '이스라엘'이라는 새 이름을 주신 분입니다(창 35:11~13). 우리는 바로 그분에게서 대가 없는 용서를 받아야 했습니다.

이제 나는 가족들에게 인정받는 지도자 위치에 있었고, 가족들의 생명을 책임져야 했습니다. 그들을 보호하기 위해서는 생명이라도 기꺼이 버려야 하는 위치에 있었던 것입니다. 내게는 아버지가 생각했던 것보다 훨씬 더 절실하게 하나님의 사죄의 은총이 필요했습니다. 나도 하나님께 은혜를 베풀어달라고 간구했습니다. 애굽으로 떠나면서 말입니다.

## 시기심의 시험(애굽에서의 요셉)

나는 형들이 가져간 식량이 모래시계 속의 모래처럼 점점 줄어들 것을 알고 있었기에 형들이 결국 다시 돌아올 거라고 확신했습니다. 내가 형들을 기다리고 있는 동안, 혈기왕성한 성격의 시므온 형은(창 34:25) 형제들이 자신을 구하러 올지 어떨지 감옥 안에서 초조하게 기다렸습니다.

내가 연로한 아버지를 너무 혹독하게 대한 것일까요? 아버지가 결국 뜻을 굽히고 베냐민을 여행길에 나서게 할까요? 아버지 마음이 얼마나 아팠을까요? 아버지를 다시 만나보기도 전에 혹시 돌아가시지나 않을까요? 집사장이 내게 셈족의 목자들이 다시 찾아왔다는 전갈을 전해주었을 때에야 비로소 내 마음속에서 끊임없이 솟아나던 걱정거리가 깨끗하게 사라져버렸습니다.

내가 집사장을 통해서 종들에게 이런 명령을 내렸을 때, 그들은 이해할 수 없다는 듯이 고개를 갸우뚱거렸습니다. "살진 양을 잡아라! 만찬을 벌일 준비를 해라. 가나안의 목자들이 손님으로 초대되어 내 집에 와서 점심식사를 할 것이다. 너희는 그들을 고관을 대접하듯이 대접해야 한다." 그 목자들이 바로 내가 얼마 전까지 정탐꾼으로 몰아붙였던 사람들이었기에 종들이 놀라는 건 당연했죠.

내 형제들 역시 매우 놀랐습니다. 내 집으로 오는 도중에 그들은 나름대로 무엇인가 의논을 벌이는 모양이었습니다. "이 초대는 속임수일 거야. 우리는 결국 체포된 후에 평생 종살이나 하게 될 거야." 그들은 죄책감 때문에 모든 일을 지나치게 부정적으로 과장해서 생각할 수밖에 없었습니다. 그래서 식사 초대도 속임수로 받아들였던 것입니다.

다급해진 그들은 곡식 값을 두 배로 쳐서 주겠다고 말하면서, 집사장에게 지난 번 일을 설명하기 시작했습니다. 그들은 곡식 부대에 왜 은전이 들어 있게 되었는지 전혀 몰랐고, 다시 돌려주기 위해 가져왔다고 애원하듯 이야기했습니다. 집사장은 조용히 웃으면서 그들을 진정시켰습니다. "당신들은 걱정하실 필요가 없습니다. 두려워할 필요도 없습니다. 저는 이미 당신들에게 식량 값을 받았습니다. 당신들의 하나님께서 부대에 돈을 넣어두셨을 겁니다." 하나님의 예리한 유머 감각은 이 애굽인을 통해 이스라엘 자손에게 하나님의 풍요로운 은혜를 기억나게 하신 것입니다 (창 43:23). 죄책감에 시달린 나의 형들은 샬롬(평화)이라는 말이 하나님께서 그들에게 허락해주신 보배와 같은 것이며, 결코 형벌이 아니라는 사실을 제대로 실감하지 못하는 모양이었습니다. 형들은 믿을 수 없다는 듯 고개를 흔들었지만, 시므온 형을 다시 만나자 한시름 놓은 듯 보였습니다.

근동지방의 관습에 따라 종들은 손님들에게 발 씻을 물을 가져다 주었고, 짐승들에게도 먹을 것을 가져다 주었습니다. 궁궐과 같이 화려한 집에서 귀한 음식을 먹게 되니 장막에서만 살았던 형제들은 정말 놀랐습니다. 형들은 아버지가 챙겨서 보내준 여러 가지 선물을 내보이면서, 내 마음을 사로잡을 수 있는 일이라면 무슨 일이든 다 할 것처럼 행동했습니다.

형제들이 바닥에 엎드려 내게 절을 하는 것을 보니 내가 어렸을 때 꾸었던 꿈과 형들에게 그 꿈을 섣불리 말했던 기억이 떠올랐습니다. 많은 세월이 흐른 지금 저는 그때보다 훨씬 현명해졌습니다. 하나님의 계시는 어린시절의 경솔함이 아니라 겸손함과 온순함으로 드러나야만 한다는 진리를 깨달은 겁니다.

"너희의 연로한 부친은 잘 계시냐? 아직 살아계시냐?" 형들의 대답을 듣고야 나는 걱정에서 벗어날 수 있었습니다. 그 후에 베냐민을 바라보았습니다.

"소자야, 하나님께서 네게 은혜 베푸시기를 바란다." 이런 공손한 인사말은 내게 큰 의미가 있습니다. 나는 인생 가운데 쓰디쓴 고통의 시간과 풍성한 은혜의 시간을 경험하면서 귀한 교훈을 배웠습니다. 바로 인생은 전적으로 **하나님의 은혜**에 달려 있다는 사실입니다. 동생의 눈을 보고 있노라니 어머니 생각이 억누를 수 없을 정도로 솟구쳐 올랐습니다. 나는 급히 자리를 떠나 홀로 있을 만한 곳을 찾아가 울었습니다. 한바탕 울고 나서 감정을 가라앉힌 후에 자리에 돌아와 음식을 먹기 시작했습니다. 베냐민을 데려왔으니 정탐꾼 혐의가 완전히 벗어졌다고 그들에게 말하자, 그들 사이에 감돌았던 긴장감이 한층 더 누그러졌습니다.

　엄격한 애굽의 예법에 따라서 내 식탁은 따로 마련되었습니다. 11명의 형제들의 식탁도 따로 마련되었죠.[1] 애굽인 종들은 또 다른 식탁에 앉아 식사를 했습니다. 그런데 형제들은 자신들을 위해 배치된 자리를 보고 적잖이 놀랐습니다. 나이가 많은 사람부터 적은 사람의 순서대로 정확하게 배치되어 있었기 때문이죠. 식사를 하는 동안 저는 형제들을 쭉 지켜보았습니다.

　베냐민에게는 다른 형들보다 다섯 배나 더 많은 음식을 주었습니다. 그 자리의 주인공인 듯 대접받게 했죠.[2] 그러면서 저는 형들의 표정 가운데 시기심이나 경쟁심이 드러나는지 주의 깊게 살펴보았습니다. 하지만 좋은 음식과 먹을 것이 가득한 가운데에서는 오직 자유롭고 여유 있는 웃음만이 식탁 위를 맴돌았습니다. 이제 형들을 최종적으로 시험해볼 일만 남아 있었습니다. 물론 정말 확실한 시험이었죠.

　그날 밤 나는 집사에게 이전에 했던 것처럼 형제들의 부대자루에 은을 가득 채워 넣으라고 분부했습니다. 그리고 내 은잔을 베냐민의 부대자루에 넣어두라고 시켰습니다. 아무것도 알아채지

---

1 Von Rad, 389.
2 Westermann, 126.

못한 형제들은 새벽이 되자 준비를 갖추고 아버지 집으로 떠났습니다. 그들이 그 지역을 채 벗어나기도 전에 나는 사람들을 보내어 그들을 붙잡아 오라고 시켰습니다.

## 자기희생적인 사랑(애굽에서의 유다)

**전**날 밤의 흥겨운 잔치가 늦은 시간까지 계속되었기 때문에 이튿날 이른 새벽에 일어난다는 것이 쉬운 일이 아니었습니다. 하지만 연로한 아버지가 걱정하고 있을 것을 생각하니 한시도 지체할 수 없었습니다. 우리는 여행 채비를 마치고 곧바로 고향으로 출발했습니다. 식량으로 가득 채워진 부대자루가 나귀 위에 실려 있는 것을 보니 안도감이 들었습니다. 나는 시므온과 베냐민을 보면서 미소를 지었습니다. 그 도시를 벗어날 즈음에 '이제 정말 안심이야. 모든 게 다 잘 됐어! 이제 곧 모든 걱정을 떨쳐버리고 환하게 웃으시는 아버지의 얼굴을 볼 수 있겠지'라고 생각했습니다. 그런데 그때 무장을 한 군사들이 우리를 쫓아오면서 "멈춰라!" 하고 소리쳤습니다. 그 군사들은 총리대신의 경호원들이었습니다. 다시 불안감이 엄습했습니다.

"너희는 어째서 선을 악으로 갚는 것이냐?" 집사의 말이 독사의 독같이 제 가슴을 찔러왔습니다. "너희는 왜 내 주인이 귀하게 여기는 은잔을 훔쳐갔느냐? 그 잔은 내 주인이 늘 가지고 다니면

서 점치는 데 사용하는 것이다. 그것을 훔쳐가다니, 정말 못된 놈들이구나!"(창 44:4~6)

 정말 얼토당토않은 모함이었습니다. 마치 대통령의 초대를 받아 귀빈 자격으로 백악관 저녁식사에 참석하고 나서 순은으로 만든 멋진 찻잔 세트를 훔쳤다고 추궁당하는 것처럼 황당했습니다. 우리는 우리 부대자루에 있었던 알 수 없는 돈을 도로 가져왔던 일을 말하면서 우리의 정직함을 입증하려고 했습니다. 우리가 분명히 그런 짓을 저지르지 않았기 때문에 나는 이렇게 장담했습니다. "만일 우리 가운데 누구에게서 그 은잔이 발견되면 그 사람을 죽여도 좋습니다. 그리고 나머지 사람들 모두 종이 되겠습니다."

 그는 약간 물러서면서 내가 경솔하게 큰소리치며 말한 것을 무시했습니다. "은잔이 발견된 사람만 우리 종이 될 것이고, 나머지 사람들은 어떤 추궁도 받지 않을 것이다." 우리는 즉시 짐을 땅에 내려놓았습니다.

 그 사람은 가장 연장자의 짐부터 일일이 조사하기 시작했습니다. 그런데 식량을 사기 위해 가져왔던 돈이 우리 부대자루에 그대로 들어있는 것이 아니겠습니까! 나는 너무 놀라고 두려웠습니다. 하지만 그 사람은 아무런 말도 없이 계속 조사를 해 나갔습니다. 그 사람이 돈에 대해서는 별말을 하지 않아서 나는 안도의 한숨을 쉬었죠. 그 사람은 지난 번과 마찬가지로 그 돈을 하나님이 우리에게 주신 선물 정도로 생각했었나 봅니다. 나는 이제 전혀 문제될 게 없다고 생각했습니다. 확실히 은잔 같은 것은 없었습니다. 10번째 부대의 조사를 마쳤을 때까지만 해도 말입니다. 베냐민 차례가 되었습니다. 그는 짐 곁에 조용히 서 있었습니다. 혹시나 다른 형제들이면 몰라도 베냐민은 그런 짓을 저지를 아이가 아니었기에 나는 우리가 이제 곧 누명을 벗을 것이라고 생각했습니다.

그때 그 애굽인이 베냐민의 부대에서 은잔을 찾아냈습니다. 모든 사람에게 보라고 소리치면서 은잔을 높이 들어보였을 때, 우리 형제들 사이에 충격과 분노, 그리고 두려움과 격분이 요동치기 시작했습니다. 나는 내 겉옷을 찢으면서 통곡했습니다. 변명의 여지가 전혀 없었습니다. 이제 할 수 있는 일이라고는 총리대신 앞에 가서 자비를 구하는 것뿐이었습니다.

우리가 돌아갔을 때 총리대신은 여전히 집에 있었습니다. 우리는 그의 발 앞에 말을 잃은 채 엎드렸습니다. 그 사람은 우리의 어리석음을 지적하며 계속 우리를 힐난했습니다. "너희가 어찌하여 이런 일을 행하였느냐? 내가 점을 잘 치는 줄 몰랐느냐?"[3]

나는 그에게 탄원하기 시작했습니다. 그때 제 마음 속에서 동생 요셉이 부르짖는 소리가 들려왔습니다. 이스마엘 상인들이 그를 잡아갈 때 당황하며 놀라는 그의 눈빛이 생생하게 떠올랐습니다.

당시에는 냉혹하게 외면했던 울부짖음과 눈빛을 나는 이제야 제대로 듣고 볼 수 있게 된 것입니다. 우리에게는 은잔을 훔친 죄는 없었지만, 보다 더 악한 죄가 있었습니다. 이제 그 죄의 대가를 치르게 된 것입니다. 하나님께서는 우리 형제들의 숨겨진 죄악을 드러내 보이셨습니다. 이제 이 낯선 땅에서, 이 이방인 총리 앞에서 하나님께서 우리에게 벌을 내리신 것입니다. 저는 총리대신에게 말했습니다. "우리 모두가 다 당신의 종입니다."

하지만 총리대신도 그의 집사가 했던 말과 같은 판결을 내릴 뿐이었습니다. "나는 결코 그렇게 하지 않을 것이다. 잔을 훔친 자만 내 종이 되고 나머지 형제들은 평안히 너희 아버지 집으로 돌아가라."

만일 베냐민을 집으로 데려가지 못한다면 우리 집은 평안이 사라지고 결국 풍비박산이 나고 말 것입니다. 나는 20살 때에 아버지의 기쁨을 앗아가는 사건을 저질렀습니다. 이제 40이 되어 또다시 아버지의 삶을 파괴시킬 수는 없었습니다.

나는 앞으로 나가서 한 마디만 하게 해달라고 부탁했습니다. 애

---

3 요셉이 잔을 가지고 점을 치는 것에 대해서 그가 신비적인 의식에 빠져든 것이라고 섣불리 판단해서는 안 된다. 애굽인들이 미래를 예견하기 위해 이런 방법을 사용한 것은 사실이다. 마치 오늘날 차 잎을 이용해서 점치는 것처럼 말이다. 그렇지만 요셉이 정말로 그런 방법을 사용한 것은 아니다. 다만 형들 앞에서 극적인 연출을 하기 위한 것이었다. 창세기 41장 16절은 요셉이 미래를 예견하는 능력의 근원이 하나님께 있음을 분명히 보여준다. 신명기 18장 10절 말씀은 어떤 신비적인 의식도 단호히 거부하는 모세 율법의 엄격성을 말하고 있다(사무엘상 15:23과 비교하라).

굽의 총리대신은 바로와 같은 권세를 지니고 있었기에 베냐민에게는 이번 기회밖에 없었습니다. 그는 허락해주었습니다.

"지난 번 우리가 이 곳에 곡식을 사러 왔을 때 총리 각하께서 '너희 부친이 계시냐? 또 너희 아우도 있느냐?' 하고 물으셨습니다. 그래서 우리가 총리 각하께 말씀드렸습니다. '예, 연로하신 아버님이 고향 땅에 살고 계십니다. 또 막냇동생도 있습니다. 그 아이는 아버지께서 늘그막에 얻은 자식이지요. 그 아이에게는 어머니가 같은 형이 하나 있었는데 죽었습니다. 고향에 아버지 곁에 있는 그 아이가 그 어머니에게서 태어난 하나 남은 아이지요. 그래서 아버지께서 그 아이를 무척 애지중지하십니다.'

그러자 총리 각하께서 '그 아이를 이리로 데려오라'고 명령하셨지요. 그 아이를 꼭 봐야겠다고 말씀하셨습니다.[4] 그래서 우리가 총리 각하께 선처를 부탁했습니다. 그 아이는 아버지 곁을 떠날 수가 없다고 말입니다. 그 아이가 아버지를 떠나면 아버지께서 곧 돌아가실 거라고도 말씀드렸습니다. 그 아이를 너무 아끼시기 때문이지요. 그렇지만 총리 각하께서는 '그 아이를 이리로 데려오지 않으면 다시는 내 얼굴을 보지 못할 것이다'라고 준엄하게 경고하셨죠.

결국 우리는 시므온을 남겨 둔 채 아버지가 계신 곳으로 돌아갔

---

4 렘 24:6; 39:12; 40:4. Westermann, 135.

습니다. 그러고는 총리 각하께서 우리에게 이르신 대로 아버지께 다 말씀드렸지요. 물론 아버지는 허락하지 않으셨습니다. 얼마가 지난 뒤 아버지는 우리더러 곡식이 떨어져 가고 있으니 애굽으로 내려가 곡식을 더 사오라고 말씀하시더군요. 그래서 그랬지요. 우리가 애굽으로 내려가 곡식을 사가지고 오려면 막냇동생을 데려가야 한다고요. 막냇동생을 데려가지 않으면 애굽에서 곡식을 관리하는 총리 각하를 볼 수 없다고요. 총리 각하께서 분명히 그렇게 경고하셨다는 말씀도 덧붙였습니다.

그러자 아버지께서 우리에게 이렇게 말씀하셨지요. '너희도 잘 알다시피 내가 그토록 사랑하던 아내 라헬이 겨우 두 명의 아들만 낳지 않았느냐? 그런데 그 가운데 한 아들은 이미 내 곁을 떠나고 없다. 들짐승에게 찢겨 죽었지. 그런데 이번에는 너희가 하나 남은 이 아이마저 데리고 간다고 하니 난 어쩌란 말이냐? 그 아이에게 무슨 일이라도 생긴다면, 혹시 어떤 화라도 당한다면 이제 세상을 뜰 날도 얼마 남지 않은 내게 그런 슬픔이 또 어디 있겠느냐? 그런 슬픔을 가슴에 간직한 채 괴로움 속에서 몸부림치다가 세상을 떠날 것이 아니겠느냐?'

그러니 설령 우리가 아버지가 계신 고향으로 곡식을 사가지고 돌아간다 해도 이 아이가 함께 가지 않으면, 아버지는 큰 충격을 받고 세상을 떠날지도 모릅니다. 그렇게 되면 결국 우리가 아버지를 돌아가시게 만드는 것이나 마찬가지입니다.

　나는 아버지께 분명히 맹세했습니다. 이 아이를 책임지고 다시 데리고 오겠다고요. 그러니 총리 각하, 제발 부탁입니다. 막냇동생 대신 저를 총리 각하의 종으로 삼아주십시오. 제발 이 아이만은 돌아가게 해주십시오. 간곡히 부탁드립니다. 이 아이가 형제들과 함께 고향으로 올라가게 허락해주십시오. 이 아이를 두고 어떻게 우리만 고향으로 돌아가겠습니까? 우리 아버지가 우리만 돌아오는 것을 보시면 충격을 받으셔서 슬픔을 가누지 못하고 세상을 떠나실 텐데, 어떻게 우리가 그 모습을 지켜볼 수 있겠습니까?"

　나의 긴 간청이 끝났습니다. 다말이 내 인장과 지팡이를 들고 내 앞에 섰을 때 그랬던 것처럼, 나는 진실을 고백했고 그 결과만을 기다렸습니다. 그리고는 애굽 총리의 얼굴을 쳐다보았습니다. 그런데 그가 눈물을 흘리고 있었습니다. 눈물 때문에 그의 얼굴 분장이 점점 지워졌습니다. 그는 종들에게 방에서 모두 나가라고 명령했습니다. 그리고는 참았던 울음을 터뜨리면서 도저히 믿을 수 없는 말을 우리에게 털어놓았습니다. "내가 바로 요셉입니다! 아버지께서 정말 살아 계신가요?"

　나는 아무런 말도 못한 채 형제들과 함께 뒤로 물러섰습니다. 너무 놀라서 어떻게 해야 할지 몰랐습니다. 그 순간, '만일 이 사람이 정말 우리가 오래 전에 팔아버린 동생이라면, 이제 우리는 정말 끝장이구나' 라는 생각이 들었습니다. 그는 우리를 가까이 불렀습니다. "이제 내 곁으로 가까이 오십시오. 내가 바로 당신들의 형제, 당신들이 애굽에 팔아넘긴 요셉입니다. 나를 애굽에 팔아버린 것 때문에 슬퍼하거나 다투지 마십시오. 하나님께서는 우리 생명을 구원하기 위해서 나를 먼저 이 곳으로 보내신 것입니다." 그는 그렇게 말하고 나서 베냐민을 끌어안고 울었습니다. 그리고 내게도 다가왔습니다. 요셉이 나를 끌어안는 순간, 수십 년 동안 형제 사이에 있었던 갈등과 미움이 눈 녹듯이 사라져버렸습니다. 기적적으로, **하나님의 은혜**로 우리는 다시 한 가족이 된 것입니다.

## 오늘을 위한 적용

나는 방금 헌츠빌 교도소에서 지난 주말을 보내고 돌아왔다. 그 곳에서 빌 글라스 팀의 다른 동료들과 함께 이틀 하고도 반나절 동안 예수님의 용서의 능력에 대한 성경적인 복음을 증거했다. 수감자 중 많은 이들이 하나님의 선물에 대해 긍정적인 반응을 보였지만, 한 냉소적인 의문이 내 뇌리에서 떠나지 않았다. '교도소 회심자'에 대한 의문이었다.

완악한 마음으로 속임수를 쓰는 것이 아닐까? 그저 형량을 좀 더 가볍게 하고 좀 더 빨리 감방에서 나가기 위해 겉으로만 눈물을 흘리면서 회개하는 듯한 모습을 보이는 것은 아닐까? 범죄자들이 진정으로 변화될 수 있을까? 사람의 품성이 진정으로, 또한 완전하게 변할 수 있는 것일까?

순회전도자들은 그들의 결신 카드를 진지하고 중요하게 여길 수 있다. 그들은 그렇게 확신하고 나서 복음을 전하기 위해 또 다른 지역으로 떠나버린다. 하지만 지역 교회 목사인 나는 감옥에서 결신 카드를 작성한 사람들이 전과 똑같이 살아가는 것과 교회를 쉽게 떠나버리는 모습을 무수히 봐야만 했다. 그들은 우리를 완전히 기만한 것이다!

바쁜 월요일 일과로 인해 나는 이러한 의문을 잠시 제쳐두어야 했다. 그날 밤 한 복음전도자가 우리 고등학교에 와서 수천 명의 학생들과 부모들이 지켜보는 가운데 연설을 하기로 예정되어 있었다. 그리고 몇몇 사람들이 자신들의 간증과 은사를 나누기로 되어 있었다. 나는 낮에 그들과 함께 점심식사를 하면서 가벼운 대화를 나누었다. 한 중국식당에서 식사를 했는데, 요요 세계 챔피언인 버니 마틴이 우스개 소리와 자신의 인생 이야기를 해주면서 우리를 계속 웃게 만들었다. 즐겁게 점심 식사를 한 후에 우리는 저녁에 있을 집회 준비 문제로 함께 의논하는 시간을 가졌다. 그때 나는 내가 품고 있던 의문점을 내놓았다. "만일 수감자들이 당신이 듣고 싶어 하는 말만 하면서 속으로는 다른 마음을 품고 있다는 생각이 들면, 당신들은 어떻게 하시겠습니까? 그들의 마음속에 여전히 거짓말을 일삼는 사특함이 있다면, 그들이 진정으로 변화될 수 있다는 것을 어떻게 믿을 수 있겠습니까?"

그는 내 질문을 듣고 웃음을 지어보이더니 이렇게 대답했다.
"데이브, 사람들의 마음을 절망과 좌절에 빠뜨리는 악한들의 가혹함을 실제로 접해본 사람들이라면 누구나 그런 의문을 던지곤 합니다. 하지만 인생을 변화시킬 수 있는 예수님의 능력에 대한 의문이 생길 때마다 이 이야기를 기억해보세요.

나는 플로리다 국립교도소에 수감되어 있던 한 죄수를 알고 있습니다. 그는 20여 년 이상 복역하면서 이중적인 삶을 살았던 사람이었죠. 언젠가 교도소에서 있었던 폭동에 참여했다는 이유로 그는 7개월 동안 독방에 갇혀 지낸 적이 있습니다.

그러던 어느 날, 한 사람이 그를 찾아왔죠. '이봐요, 나는 새로 온 목사, 맥스 존스입니다. 당신의 삶을 위한 하나님의 계획을 당신에게 알려드리고 싶습니다.'

'당장 꺼져버려.' 그가 으르렁거리며 말했죠. '그런 쓰레기 같은 종교 나부랭이는 계단 밑구석에나 처박아버려. 그런 것을 가지고 와서 나를 성가시게 하지 말란 말이야!'

그러자 그 목사가 조용히 대답했습니다. '이보세요, 나는 당신에게 해를 끼치려고 이 곳에 온 것이 아닙니다. 나는 당신을 사랑하기 때문에 이 곳에 왔습니다. 하나님의 아들 예수 그리스도께서 당신의 죄를 사해주시기 위해 죽으셨다는 복음을 받아들인다면, 당신은 하나님을 인격적으로 만날 수 있습니다.'

'다른 데 가서 알아봐. 그런 이야기는 젖먹이 어린아이에게나 가서 지껄여. 내 일은 내가 알아서 한단 말이야!'

그는 목사의 말을 한 마디도 들으려고 하지 않았습니다. 하지만 존스 목사는 그 사람이나 다른 죄수들이 혼자서 외롭게 지내도록 내버려두지 않았습니다. 존스 목사는 시시한 농담이나 용기를 주는 말, 혹은 미소로 대응했죠. 그 죄수는 존스 목사의 말은 외면했지만 눈 속에서 반짝이는 빛은 무시할 수 없었습니다. 감옥에 갇힌 채 절망 속에서 살아가는 사람들의 눈에서는 찾아볼 수 없는 그런 빛이었습니다.

그 죄수는 드디어 7개월의 독방 신세를 마치고 다시 일반 감방으로 돌아갔습니다. 동료들은 독방 생활에서 벗어난 것을 축하해주었습니다. 그들 가운데 한 명이 '이봐, 오늘밤에 정말 멋진 일이 있을 거야!' 라고 말했습니다. 오늘밤 대체 무슨 일이 벌어진다는 게지? 카드 게임, 마약, 아니면 근사한 술? 그런데 그 동료는 이렇게 말했습니다. '우리 모두 맥스 존스 목사의 설교를 들으러 예배당으로 갈 거야.'

그 죄수는 도저히 믿을 수 없었습니다. 예배당이라니! 그가 없는 동안 그의 동료 가운데 몇 사람이 종교에 흥미를 느낀 모양이었지만 그는 전혀 그러고 싶지 않았습니다. 그런데 한 동료가 말했습니다. '오늘밤에 네 오랜 친구인 프랭크 콘스탄티노가 기독교인들 몇 사람과 함께 센트럴 플로리다에서 올 거란 말이야.'

그 죄수와 프랭크는 60년대 마이애미에서 범죄를 저지르던 시절부터 형제처럼 가깝게 지낸 사이였죠. 그들은 데이드 주립교도소에서 같이 감방생활을 하기도 했습니다. 그는 데이드에서 프랭크와 잠깐 만나서 이야기한 적이 있었는데, 그때 프랭크가 이상한 말을 했던 기억이 났습니다. '그 곳 레이포드의 사정은 어떤가?' '이봐, 친구. 난 구원받았네.' 그때만 하더라도 그는 그것이 단지 프랭크의 기질 때문이었다고 생각했습니다. 하지만 그의 생각은 빗나갔습니다. 프랭크는 출옥한 지 몇 년 지난 지금, 다시 감옥에 찾아와서 재소자들에게 그리스도로 인해 변화된 자신의 삶을 전하려고 하는 것이었습니다.

그 죄수는 결국 그날 밤 예배당에 가서 프랭크의 고백을 듣게 되었습니다. 프랭크는 그 이후에도 한 달에 한 번씩 정기적으로 감옥에 찾아왔습니다. 프랭크는 자신이 직접 감방생활을 경험해 보았기 때문에 복음의 진리를 아름다운 스테인드글라스로 장식된 교회의 말이 아닌 감방에서 사용하는 말에 담아서 전할 수 있었습니다.

하나님께서는 존스 목사와 프랭크 콘스탄티노의 간증, 그리고 감방 동료들의 삶에 일어난 변화를 사용하셔서 그 죄수를 변화시키셨습니다. 어느 날, 그 죄수는 예배를 드리는 도중에 눈물을 흘리기 시작했습니다. 영혼 깊은 곳에서부터 솟아나는 눈물이었습니다. '주님, 나를 도와주십시오. 주님이 나를 인도해주시길 원합니다.' 예배를 마칠 때쯤 되었을 때, 인도자가 예수님이 주시는 용서와 영원한 생명을 받아들일 준비가 된 사람은 앞으로 나오라고 말했습니다. 그 죄수는 눈물을 흘리며 사람들과 함께 앞으로 걸어 나갔습니다.

그는 하나님의 기적적인 은혜로 1985년 12월 20일에 출옥하게 되었습니다. 그 이후로 죄의 권세에서 자신을 구원해주신 복된 소식을 전하는 일에 헌신하는 복음전도자가 되었죠. 그 죄수가 바로 접니다.

데이브, 사람의 인생이 이렇게 완전히 변화될 수 있다는 것을 잊지 마십시오. 복음의 능력에 대해 의구심이 들 때마다 제 이야기를 기억하세요."

그날 밤 미드로디안교회에서 집회를 끝마칠 때, 나는 그 복음전도자가 젊은이들에게 자신이 범했던 어리석은 일을 저지르지 말라고 권고하는 말을 들었다. 그는 회중들에게 하나님의 무서운 형벌을 그들 대신 받으신 주님께 전적으로 헌신할 것을 요구했다. 30여 명 이상의 사람들이 헌신을 다짐하며 앞으로 나왔을 때, 나의 뺨에는 기쁨의 눈물이 흘러내렸다. 나는 그들이 하나님의 자녀로 거듭난 것을 기뻐했다. 하지만 나는 무엇보다도 사람을 변화시키는 하나님의 능력에 큰 감명을 받았다. 그 자리에서 나는 사람을 완전히 변화시키는 하나님의 직접적이고도 초자연적인 능력을 확신하게 되었다. 그날 하나님 나라의 새로운 백성으로 거듭난 사람들을 얼싸안고 기뻐했던 복음전도자는 바로 잭 머피였다. 그는 과거에 뉴욕의 자연사박물관에서 '인도의 별'이라 불리는 굉장한 사파이어를 훔친 유명한 보석 탈취범이었다.[5]

창세기 44장에 나오는 유다의 고백과 복음전도자 잭 머피의 간증을 들어보면, 하나님의 능력이 어떻게 탕자와 같은 자들을 변화시켜서 집으로 돌아오게 하시는지 잘 보여준다. 또한 그런 사람들까지도 하나님께서 사랑하시고 하나님 나라에서 존귀한 자리로 인도하신다는 사실을 보여준다.

총리대신 요셉의 고백 – 형들은 나를 해하려 했지만 하나님께서는 그것을 선으로 바꾸셔서 이렇게 만민의 생명을 구원하게 하셨다(창 50:20) – 은 또 다른 진리를 우리에게 증거해준다. 하나님 나라의 '선한 일꾼'은, 만일 하나님께서 구속의 드라마의 정점

---

5 잭 머피의 이야기를 자세히 알고 싶으면, 그가 쓴 *Jewels for the Journey*를 보라.

에 그들을 세우기 위해서 고통과 환란의 십자가를 지게 하신다면 그것을 기꺼이 받아들여야 한다는 진리이다. 비록 그 고통과 환난을 겪을 이유가 전혀 없고, 또 불공평하게 느껴진다 하더라도 말이다. 그렇게 할 때 우리는 하나님의 신실한 일꾼으로서 다른 사람들에게 영적인 양식을 공급할 수 있다. 이것은 홀로코스트에서 살아남은 코리 텐 붐이나 전신마비로 움직이지 못하게 된 조니 에릭슨 타다의 이야기가 아니다. 바로 우리의 이야기다. 하나님의 순결함은 결코 죄악으로 인해 더렵혀지지 않는다. 하지만 그분의 권능과 사랑은 아무리 악한 사건이라 할지라도 용서와 구속의 사역으로 나아가는 걸음으로 바꾸어 놓으실 수 있다.

우리는 총리가 되었건 탕자가 되었건 간에 인간적인 기준의 정의를 기대하면서 비판하는 일을 멈추어야 한다. 대신 **기대치 못했던 하나님의 은혜**(God's unexpected grace)를 신뢰해야만 한다.

## 10 가족의 재회

"요셉이 지금까지 살아 있어 애굽 땅 총리가 되었더이다."
(창 45장 26절)

**크리스마스** 휴가 기간 동안 서부의 네브라스카에서 온 가족이 한자리에 모이기로 한 일은 기분전환을 위한 좋은 기회였다. 하지만 24시간이나 차를 타고 가야 했기에, 8살, 6살, 그리고 4개월 된 세 아이를 챙겨야 하는 아내는 정반대였다. 메리는 교회에서 송구영신예배를 드려야 한다는 이유를 내세워 집에 남았고, 나는 조나단과 조엘을 데리고 가족 모임에 참석하러 갔다. 두 아이들과 내가 도착했을 때, 먼저 도착한 가족들은 모노폴리(주사위를 사용하는 탁상 게임) 게임, 도미노 쌓기, 카드놀이를 하고 있었다. 나는 어느 자리에 낄까 궁리하면서 활기가 넘치는 집안을 여기저기 기웃거렸다. 모노폴리 게임을 하기로 결정하고 자리에 앉는 순간, 누군가가 내게 와서 말했다. "데이브, 빨리 전화 받아봐. 무슨 일이 생겼나봐. 자네 아내가 울면서 뭐라고 말했는데, 시끄러워서 알아들을 수 없었어." 온 집안이 순식간에 조용해졌다.

나는 재빨리 수화기 쪽으로 달려가 전화기를 집어 들었다. "집으로 빨리 와요!" 아내가 소리쳤다. 울먹이는 소리였지만, 나는 아내의 말을 알아들을 수 있었다. 하지만 내가 잘못 알아들은 것이라고 믿고 싶었다. "아버지가 방금 전화를 했어요. 데이빗이 죽었대요!" 집으로 가는 동안 마음을 가다듬으려고 애썼지만 아무 소용이 없었다. 너무 혼란스러웠다. "데이빗이…죽었다고? 잘못 들었겠지. 분명 그럴 거야!" 아내와 나는 얼마 전에 북부 네브라스카에 있는 큰처남 프랭크의 집에 작은처남인 데이빗을 남겨 두고 돌아왔다. 15살인 데이빗은 방학이 끝나기까지 프랭크의 집에 머물 작정이었다. 크리스마스 가족 모임 때 미식축구를 함께 했었는데, 데이빗은 그의 형보다 달리기도 더 빨랐고, 긴 패스도 잘 받아냈다. 게다가 나는 그가 지하실에 있는 벤치프레스(의자에 누워서 역기를 들어올리는 운동기구)에 누워서 90킬로그램이 넘는 바벨을 거뜬히 들어올리는 것을 본 적도 있다. 그렇게 건강하고 다부진 체격을 가진 15살 소년이 – 그의 엄마와 아빠가 중년의 나이에 얻은 보배이기도 한 그가 – 죽었다는 말을 나는 믿을 수 없었다.

메리와 나는 덴버로 날아갔다. 거기에서 다른 가족들과 함께 자동차를 타고 네브라스카 주 미첼로 향했다. 서쪽으로 보이는 들쭉날쭉한 로키산맥의 능선, 얼어붙을 듯한 차가운 바람, 덴버와 샤이엔 사이에서 점점 엄습해오는 겨울철의 차가운 밤기운. 이 모든 것이 마치 우울한 TV 드라마를 연상시켰다. 사람들은 충격 때문인지 차 안에서도 조용하게 말을 나누었다. 하지만 우리 모두의 마음속에는 이런 의문이 들었다. "기분이 들뜰 만한 한 해의 마지막 날이었지만 5시밖에 안 된 벌건 대낮부터 왜 그 젊은 운전자 녀석은 술에 잔뜩 취해 있었단 말인가? 그 미친 녀석이 눈으로 뒤덮이고 포장도 안 된 시골의 비탈길을 왜 그렇게 빨리 질주했단 말인가? 왜 하나님은 그 술 취한 미친 녀석이 프랭크가 탄 차를 정면으로 들이받도록 놔두셨는가? 왜 하필 다른 곳도 아니고 대동맥이 끊어져서 데이빗이 곧바로 죽게 되었는가? 왜 사람들은 그 미친 녀석이 그 이전에 음주운전을 했을 때 곧바로 운전을 못하게 만들지 않았을까?" 의과대학 진학에 실패했던 일, 그리고 여름 캠프를 인도할 수 없어서 실망했던 경험과는 달리 우리 가족에게 벌어진 비극적인 사건을 접했을 때, 메리와 나는 도저히 수긍이 가지 않았고 머릿속에 떠오르는 수많은 질문에 대한 답을 쉽게 찾을 수도 없었다.

    나는 장인어른과 처남들과 함께 영안실에 서 있었다. 어린 소년의 주검을 대하자 무시무시한 사고의 순간과 냉담함이 내 머리를 사정없이 두들겼다. 시신은 윤이 나는 세련된 관에 안치되어 있었지만, 그것이 죽음의 비참함을 미화시키지는 못했다. 십대에 죽은 사람을 위해 관을 마련하는 일보다 더 가혹한 일은 없을 것이다. 장인어른은 사람들 가운데 굳건하게 선 채로 아래를 내려다보며 조용히 말했다. "아버지가 아들을 위해 관을 마련하는 일이 없어야 하는데…."

데이빗의 죽음으로 인해 우리 가족은 결론을 내릴 수 없는 의문 - 일생 동안 피 흘리며 싸워야 할 문제에 봉착하게 되었다. 창세기의 사건은 이런 의문에 대한 어떤 실마리를 담고 있을까?

## 기적과 같은 상황에 몹시 놀람(가나안으로 돌아온 유다)

아버지는 매일 저녁 마을 어귀에 나와서 우리들이 돌아오기만을 목이 빠지게 기다렸습니다. 마치 근심에 빠진 젊은 어머니처럼, 아버지는 최악의 상황을 상상하며 불안해하고 있었습니다. 오직 우리 모두가 안전하게 돌아가야 아버지가 무거운 짐을 벗게 되는 것입니다. 제가 가지고 가는 소식이 아버지가 기대하거나 생각지도 못할 만큼 좋은 소식이라는 사실을 아버지는 상상조차 못했을 겁니다. 나는 급한 마음에 나귀를 사정없이 다그쳤지만, 아무리 그래도 나귀가 말이 될 수는 없는 노릇이었습니다. 요셉이 준비한 선물을 가득 실은 애굽의 수레와 20여 마리의 나귀들은 자신들의 보조에 맞춰 앞으로 나아갔습니다. 많은 짐 때문에 더 빨리는 움직일 수 없었습니다. 지난 며칠 동안 벌어졌던 사건은 – 요셉이 자신의 정체를 밝히고 우리와 재회한 것, 바로가 애굽의 가장 좋은 땅에 와서 머물도록 우리를 초대한 것 – 단순히 앞으로 남아 있는 5년의 기근 동안 우리 가족이 거처할 곳을 옮기는 정도의 의미가 아니었습니다. 그 모든 사건은 우리 삶 자체를 영원히 바꾸어 놓는 계기가 되었습니다(창 45:1~24).

아버지는 우리가 돌아온다는 소식을 전해 듣고는 멀리까지 나와 우리를 마중해 주었습니다. 나는 급히 나귀에서 내려 아버지를 맞으러 갔습니다. 아버지는 걱정스러운 눈빛으로 내 뒤편을 바라보았습니다. 우리 행렬 제일 뒤에 서 있는 베냐민을 보고서야 근심어린 눈빛이 사라졌죠. 우리는 믿기 힘든 소식을 아버지께 전해주기 위해 다같이 크게 외쳤습니다. "아버지, 요셉이 지금까지 살아 있어요. 게다가 애굽 땅 총리가 되었어요!" 아버지는 어안이 벙벙해서 뒤로 주춤 물러섰습니다. 자신이 들은 소리를 믿지 못하는 것 같았습니다. 11명이나 되는 아들들이 계속 흥분해서 아버지에게 사실을 말했지만, 아버지는 여전히 당황한 모습으로 자리에서 굳어 있었습니다. 그러다가 요셉이 보내온 20여 마리의 나귀 위에 애굽의 진귀한 물건들이 가득 있는 것을 발견했습니다. "이게 모두 무엇이냐?" 진귀한 물건들을 보고서야 아버지는 우리가 한 말이 진실임을 알았습니다. "요셉이 아직 살아 있다니!" 그때 아버지의 눈에 다시금 생기가 감돌았고, 나는 그 모습을 평생 잊을 수 없게 되었습니다. "내가 죽기 전에 내려가 아들을 만나보아야겠다!"(창 45:28).

## 하나님의 계시와 인도하심

아들은 짐을 꾸리느라 정신없이 움직였습니다. 부모들은 2살부터 11살까지의 아이들에게 멀리 나가지 말라고 엄하게 지시했습니다. 아이들은 멀리 여행을 간다는 기대감에 부풀어서 깡충깡충 뛰며 좋아했습니다. 우리는 염소 가죽으로 만든 장막을 걷어서 나귀 등에 실었습니다. 가축들도 모두 모아서 먼 길을 떠날 준비를 했습니다. 70명의 가족이 가나안에서 애굽으로 이사를 가는 것은 쉬운 일이 아니었고, 기간도 족히 며칠은 걸릴 것 같았습니다. 드디어 모두 출발 준비를 끝냈지만, 아버지만은 예외였습니다. 아버지는 요셉의 얼굴을 보고 싶어 죽을 지경이었음에도 불구하고 왠지 약속의 땅을 떠나기를 망설이는 듯 했습니다. 나는 증조할아버지인 아브라함이 애굽에서 좋지 못한 사건을 경험했다는 사실을 기억하지 못했습니다. 당시 증조할아버지가 아내를 빼앗길 위기에 처했었고, 다행히 하나님께서 애굽에 재앙을 내리심으로써 위기에서 구해주시고 약속의 자손을 보존하셨던 일이 있었다고 들었습니다(창 12:10~20). 하지만 나는 증조할아버지가 겪었던 그런 일을 자세히 기억하지 못했기 때문에 아버지가 머뭇거리는 것을 보자 화가 치밀어 올랐습니다. 아버지가 한참을 망설였고, 또 어린아이들과 아내들이 여행 도중에 자주 쉬어야 했기 때문에 첫날 여행은 헤브론에서 겨우 36킬로미터 떨어진 브엘세바에서 마쳐야 했습니다.

아브라함과 이삭 할아버지 모두 이 곳에 우물을 팠었는데, 이 곳에 사는 거민들과 우물에 대한 권리를 두고 약정을 맺어두었던 덕분에 우리는 그 우물을 자유롭게 이용할 수 있었습니다(창 21:22~34; 26:32,33). 깊은 우물 속에서 나오는 시원한 물이 바짝 마른 내 목을 축이자 나는 이삭 할아버지가 땀을 흘리면서 힘들게 우물을 판 것에 대해 하나님께 감사를 드렸습니다. 하지만 아버지의 기억 속에는 우물보다 더 중요한 것이 있었습니다. 아버지는 그 곳에 이르자 돌을 모아서 거친 제단을 만들었습니다. 그리고 그 제단에 양을 잡아 하나님께 제사를 드렸습니다. 그날 밤, 바로 그 자리에서 하나님께서 아버지에게 나타나 말씀하셨습니다. 아버지의 부친인 이삭에게 나타나셨던 것처럼 말입니다. 약속은 여전히 유효했습니다. "나는 네 조상의 하나님이다. 두려워하지 말라. 내가 너와 함께하겠다. 내가 너로 한 나라를 이루게 하겠다." 한 가지 덧붙여진 것이 있다면 안심하고 애굽으로 내려

가라는 말씀이 있었다는 것입니다. 그 곳에서도 함께하실 것이고, 이 땅으로 다시 돌아오게 하시리라는 약속과 함께 말입니다. 아버지가 돌아가실 때에 사랑하는 아들 요셉이 아버지의 눈을 감길 것이라는 감격스러운 예언의 말씀도 덧붙이셨습니다(창 46:2~4).

다음날 아침, 아내들과 어린아이들이 여행을 떠나기 위해 수레에 올랐을 때, 어제와는 달리 아버지가 먼저 앞장서 나가면서 우리를 재촉했습니다. 우리는 하나님의 명령을 따라 남쪽으로 계속 이동했고, 약속의 땅의 남쪽 경계선을 벗어났습니다. 하지만 하나님께서는 약속의 땅만 다스리는 분이 아니십니다. 이방 족속들이 섬기는 거짓 신들과는 달리 전능하신 통치자 하나님께서는 대제국 애굽까지도 마음대로 다스리는 분이셨습니다.

나는 나일 강을 건너는 우리 가족의 수를 주의 깊게 세어보았습니다. 모두 66명이었습니다. 요셉의 식구를 포함시키면 모두 70명이었습니다. 이 숫자는 바벨탑 사건으로 인해 인류가 각지로 흩어진 때의 기록을 담고 있는 고대 서판에 남아 있는 민족의 숫자와 신기하게 일치했습니다(창 10장). 우리 가족에 대한 하나님의 약속의 핵심은 우리가 큰 민족을 이루게 될 것이며, 모든 나라에 복을 끼치는 나라가 되리라는 것이었습니다. 하나님께서는 어떻게 이 연약하기 짝이 없는 70명의 가족을 통해 홍수 이후에 흩어진 70개 민족이 복을 받게 하실까요?[1]

## 요셉이 살아 있다(가족과 함께 애굽에 도착한 유다)

아버지는 나를 먼저 보내어 요셉을 만나 우리 가족이 어디에 머물러야 할지 알아보게 했습니다. 내가 요셉의 집에 도착하자 요셉은 고센 땅으로 가서 아버지를 맞이하기 위해 즉시 마차를 타고 출발했습니다. 정말 오랜 세월 기다려왔던 재회의 기쁨을 그 곳에서 나누었죠.

외로움, 슬픔, 상처, 의문, 절망으로 뒤섞인 세월은 아버지와 사랑하는 아들이 서로 얼싸안고 기쁨의 눈물을 흘리는 가운데 눈 녹듯 다 사라져버렸습니다. 연로하신 아버지는 요셉을 끌어안고 그의 눈을 바라보며 이렇게 말했습니다. "요셉아, 네 얼굴을 보니 이제 죽어도 여한이 없구나. 정말로 네가 여태 살아 있었구나!" (창 46:30)

총리대신이 연로하신 아버지와 가족들을 다시 만나게 되었다는 소식을 들은 바로와 애굽의 대신들도 진심으로 기뻐해주었습니다. 뿐만 아니라 모든 애굽인들이 함께 축하해주었습니다. 우리는 바로의 초대를 받아 궁궐에 가서 그를 알현하는 융숭한 대접

---

1 John H. Sailhamer, *Genesis, The Expositor's Bible Commentary*, vol. 2, 261. 창 10장; 46:26, 27; 신 10:22; 32:8과 비교해보라.

을 받기도 했습니다. 고대의 유랑민인 셈족의 보잘 것 없는 한 족장이 당시 최고의 문명을 자랑하는 대제국 애굽을 통치하는 바로의 머리에 손을 얹고 축복하는 장면은 정말 아이러니가 아닐 수 없었습니다. 나는 온 우주의 참된 주인이신 창조주 하나님께서 그런 극적이고 빈틈없는 연출을 좋아하신다는 것을 깨닫기 시작했습니다. 하나님께서 우리 조상 아브라함에게 우리 민족이 세상의 모든 민족에게 복을 끼칠 것이라고 하신 약속이 가시적으로 드러나는 감격적인 순간이었습니다(창 47:7~12).

요셉은 바로의 허락을 얻어서 우리가 고센 땅에서 영구히 살 수 있도록 했습니다. 당시에 있었던 심각한 가뭄 때문에 고센 땅이 비옥한 땅이라는 것이 드러나지는 않았지만, 그 땅이 경작하기에 더 없이 좋은 곳임을 나는 알고 있었습니다. 식량을 비축해둔 요셉의 지혜로 인해 우리는 남아 있는 5년의 기근 동안에도 별 걱정 없이 살 수 있었습니다. 그리고 풍부한 식량과 물, 그리고 목초지가 있는 안전한 요람에서 우리 가족은 크게 번성하게 되었습니다.

## 오늘을 위한 적용

데이빗이 세상을 떠나고 1년 반 정도가 지났을 때, 하나님께서는 장인어른과 내게 10일 동안 성지순례를 할 수 있는 기회를 주셨다. 장인어른 반 캠펜은 목회자들이 성지순례를 왜 그렇게 열망하는지 그 이유를 알 수 없다고 항상 말하곤 했었다. 하지만 누가 공짜 여행을 마다하겠는가? 그래서 우리는 왜 이스라엘 땅을 여행하는 것이 목사의 가르치는 솜씨나 정보를 더 풍부하게 만드는지 그 이유를 탐색하면서 열흘간의 특별 여행을 떠났다.

단에서부터 헤브론까지 이르는 여정은 매우 빡빡한 편이었다. 그리고 이틀 동안 쉬지 않고 예루살렘을 둘러보기도 했다. 그 후에야 안내인이 금요일 하루 동안 각자 자유롭게 다닐 수 있는 시간을 주었다. 밤마다 구약 성경에 나오는 내용과 비교하면서 토론하는 동안 우리는 안내원 가운데 한 명과 특별히 친해졌다. 그래서 나는 그에게 물었다. "예루살렘에서 하루 동안 자유롭게 다닐 수 있는 시간이 주어졌는데 무엇을 하면 좋을까요? 여기 종이가 있습니다. 숙련된 안내인으로서 예루살렘에 처음 온 저희가 우선적으로 봐야 할 것을 순서대로 적어주십시오." 그는 웃음을 지어보이더니 목록을 적어주었다.

장인어른과 나는 해가 뜨자마자 자리에서 일어나 아침식사를 간단히 하고 나서, 목록에 적힌 순서에 따라 첫 목적지로 향했다. 우리는 예루살렘 성전 터 서쪽에 있는 루터교교회에 도착했다. 나선형의 좁은 계단을 따라 그 오래된 교회의 종탑 꼭대기에 올라갔다. 그 곳에서는 옛 고도의 전체 경관을 한눈에 볼 수 있었다. 게다가 '바위의 돔 사원'(Dome of the Rock)과 '알 아크사 사원'(al-Aqsa Mosque)을 찍기에 안성맞춤인 장소였다. 그 곳에서 사진을 찍으면 현대적인 도시 대신 서구인들에게 생소한 감람산(Mt. of Olives)이 배경으로 들어오게 된다. 그 곳에 있는 안내인의 설명을 들은 뒤에 우리는 성벽을 따라 내려가 솔로몬의 채석장에 이르렀다. 그 곳은 고대에 건축물을 지을 때 주춧돌로 사용된 거대한 돌들을 떠내던 곳이다.

아랍인 구역에 있는 천 년 된 성벽 위를 산책하고서 따뜻한 빵과 구운 염소 고기로 점심식사를 한 후에 우리는 서둘러 오후 계획을 세웠다. 목록에 적혀 있는 곳을 다 돌아다니기는 어려워보였다. 그래서 우리는 지도를 살펴보았다. 우리가 있는 곳에서 한 블록 떨어진 곳에 록펠러 박물관이 있었기 때문에 우리는 그 곳을 둘러보기로 결정했다. 그 곳에서 이 특이한 도시와 땅의 역사를 증언하고 있는 유물들을 살펴보면서 금요일 자유 시간을 마무리할 계획이었다. 십자군, 아라비아 사막의 전사들, 비잔틴의 성직자, 유대의 독립투사, 로마의 군단병, 이스라엘 민족, 가나안 족속 등 모두가 다 자신들의 역사에 대한 고고학적 흔적을 그 곳에 남겨 놓았을 것이라고 생각했다.

만일 당신에게 그러한 선택의 기회가 주어진다면 당신도 분명히 박물관을 방문할 것이다. 자세한 설명과 함께 전시되어 있는 훌륭한 유적들을 어떻게 그냥 지나칠 수 있겠는가? 나는 시계를 보고 나서, 고대 가나안 사람들이 죽은 사람의 시신과 함께 매장했던 도구들과 무기, 장신구 등을 훑어보았다. 그리고 원시적인 신앙을 잘 보여주는 신상들, 가나안 사람들이 사용했던 보석과 아스다롯의 외설스러운 조각품들도 보았다. 장인어른은 고대인들의 죽음과 장례, 매장 풍습을 보여주는 전시물 앞에서 쉬이 떠날 줄을 몰랐다. 무덤의 내부 모습과 두개골이 전시된 곳을 보자 또 멈추었다.

 죽음과 그로 인한 슬픔을 직접 대면해본 사람이라면 그 당시의 슬픔과 고통을 떠올리게 만드는 물건들, 냄새, 어떤 신체적인 경험의 힘을 이해할 수 있을 것이다. 마치 갑작스러운 맹렬한 폭풍과도 같은 그런 가슴 아픈 기억의 파도는 우리 영혼을 뒤흔들어 놓기에 충분하다. 나는 장인어른의 눈가에 고여 있는 눈물을 보았다. 장인어른은 고대인의 두개골을 하염없이 바라보았다. 그리고는 이렇게 중얼거렸다. "내 아들도 이렇게 되고 말겠지!"

 죽음의 악취는 가족 간의 친밀감, 행복, 사랑을 없애버리려고 한다. 아내, 아들, 딸, 아니면 그 외에 다른 사랑하는 사람을 떠나보낸 사람은 피 묻은 옷자락을 손에 쥐었던 야곱의 심정과 같을 것이다. 악한 짐승이 우리의 삶을 갈기갈기 찢어놓았다고 통곡할 것이다. 야곱은 20년 동안이나 요셉의 죽음을 슬퍼했다. 하지만 전체 이야기가 절정에 이르렀을 때 야곱은 요셉이 아직 살아 있으며, 애굽을 다스리고 있다는 사실을 접하게 되었다. 그것이 진실이었다.

나는 손을 내밀어 장인어른의 어깨를 감싸 안고서 그분이 일생 동안 품고 있었던 신앙의 소망을 상기시켜 주려고 애썼다. "절대 그렇지 않습니다. 데이빗은 저렇게 되지 않을 겁니다. 그는 지금 살아 있습니다."

사도 바울은 썩어지는 무덤이 아니라, 구주 예수님과 그분의 통치에 주목하라고 권면한다. "만일 땅에 있는 우리의 장막 집이 무너지면 하나님께서 지으신 집 곧 손으로 지은 것이 아니요 하늘에 있는 영원한 집이 우리에게 있는 줄 아나니"(고후 5:1). "그러나 너희가 이른 곳은 시온산과 살아 계신 하나님의 도성인 하늘의 예루살렘과 천만 천사와 하늘에 기록한 장자들의 총회와 교회와 만민의 심판자이신 하나님과 및 온전케 된 의인의 영들과 새 언약의 중보이신 예수와 및 아벨의 피보다 더 낫게 말하는 뿌린 피니라"(히 12:22~24).

이 말씀들과 그 가운데 담겨 있는 신앙은 고대 가나안인의 무덤을 보고서 네브라스카의 미첼에 있는 데이빗의 무덤을 떠올린 장인어른과 나에게 고통을 가라앉히는 영적인 신경안정제 이상의 것이었다. 창세기의 이야기는 야곱의 슬픔이 이 땅에서의 삶이 끝나기 전에 풀어졌음을 보여준다. 아들의 죽음과 같은 슬픔의 궁극적인 해결책은 이 땅이 아닌 영원한 세계에 있다. 장인어른이나 신약시대의 신자들이나 모두 마찬가지이다. 우리 가족들이 다시 만나 재회의 기쁨을 나눌 곳은 애굽이 아니라, '몸을 떠나 주와 함께 거하는'(고후 5:8) 천국이다. 아니면 재림하는 그리스도와 함께 구름 가운데서 그토록 그리워하던 가족들을 만나게 될 것이다(살전 4:17). 우리는 언제나 하나님의 약속을 꼭 붙들고 있어야 한다. 우리의 눈에서 모든 눈물을 완전히 없애주실 하나님의 어린 양이 베푸는 영광스러운 잔치 자리에서 반드시 모든 가족을 다시 만나게 될 것이다.

"할렐루야! 주 우리 하나님 곧 전능하신 이가 통치하시도다 우리가 즐거워하고 크게 기뻐하여 그에게 영광을 돌리세 어린 양의 혼인 기약이 이르렀고 그 아내가 예비하였으니"(계 19:6, 7).

데이빗은 비록 죽었지만, 우리 가족들이 사랑하는 사람의 피 묻은 옷자락을 건네받은 순간이 우리에게 결코 마지막은 아니었다. 나는 관 너머에 있는 약속된 천국의 삶을 바라보았다. 그 후에 우리 어머니가 1984년에 갑자기 돌아가셨고, 큰처남인 존도 1986년에 세 번째 심장수술을 받은 후 세상을 떠났다. 영원한 세상에서 다시 만날 약속을 남긴 채….

"내 아들 요셉이 지금까지 살았으니 내가 죽기 전에 가서 그를 보리라"(창 45:28).

## 11 할아버지의 선물

"자녀들아 내가 너희에게
쓰는 것은 너희 죄가 그의 이름으로
말미암아 사함을 얻음이요
아비들아 내가 너희에게 쓰는 것은
너희가 태초부터 계신 이를 앎이요
청년들아 내가 너희에게 쓰는 것은
너희가 악한 자를 이기었음이니라."
(요일 2장 12~13절)

**아버지와** 함께 어떤 곳을 방문하는 일이 젊은 사람에게는 별로 의미 없는 일이겠지만, 그 만남들을 곰곰이 생각해보면 그 만남의 순간이 인생의 향방을 결정짓는 중요한 순간이 될 수도 있다. 내가 어렸을 때, 아버지는 성경적인 신앙을 품고 있는 사람을 만날 때마다 나를 꼭 데리고 갔다. 그 중에는 저지(Jersey) 남부에 있는 스코필드 성경 편집인의 미망인, 버지니아에 있는 신실한 목사, 펜실베니아에 있는 연로한 선교사, 플로리다에 있는 중년을 넘긴 라디오 성경 교사도 있었다. 아버지는 내가 꼭 그런 사람들을 만나보도록 했다. 왜 우리가 그렇게 먼 곳까지 찾아가서 먼지투성이인 오래된 집에 들어가고, 곰팡이 냄새나는 오래된 가구에 앉아서 차를 홀짝거리며, 고리타분한 옛날이야기를 나누어야 하는지 궁금해 하던 기억이 난다.

오랜 친구를 만나러 가는 부모들과 같이 아버지는 내가 그 사람들을 전혀 알지 못한다는 사실을 상관하지 않으셨다. 나는 그분들의 이야기를 잘 알지 못할 뿐 아니라 기독교 역사에 있어서 그분들이 얼마나 중요한 사람들인가 잘 알지 못했기 때문에, 그런 분들을 만나는 일이 내게는 별로 의미가 없었다. 하지만 나는 지금 그 기억들을 소중히 간직하고 있다.

요셉의 두 아들인 에브라임과 므낫세도 아버지가 아직 어린 자신들을 데리고 연로한 할아버지에게 찾아갔을 때 비슷한 생각을 했을 것이다. 147세나 된 할아버지가 애굽의 총리 아들인 두 손자에게 무슨 중요한 말을 해줄 수 있었을까?(창 47:28) 구약성경에 기록된 그 자손들의 운명을 볼 때, 그들이 연로한 할아버지 곁에 있던 순간에 영감을 받았다는 사실을 분명히 알 수 있다. 경건한 할아버지는 애굽에서 성장한 요셉의 두 아들에게 가나안 땅에서의 가족사를 들려주었다. 그리고 그들의 미래에 대한 암시를 던져주었고, 그들을 축복했다(창 48장). 이러한 약속을 유산으로 받은 것은 그들이 받을 수 있는 최상의 선물이었다.

## 할아버지의 꿈(야곱의 침상 곁에 있는 요셉)

내가 애굽에서 서열 2위 자리에 앉아 있었기 때문에, 내 아이들은 번쩍이는 전차와 세련된 옷, 그리고 궁궐처럼 호화스러운 집에서 자랐습니다. 그들에게 주어진 지위와 특권은 사우디아라비아의 파드 가문에서 자라는 군주의 아들들과 비교할 수 있을 것입니다. 그들이 해야 할 일들이란 그저 '시누헤 이야기'(Tale of Sinuhe)나 '말재간이 뛰어난 농부' 이야기와 같이 뛰어난 문학작품을 익히는 일, 테베에서 나일 강 삼각주까지 유명한 도시 건축에 사용된 건축술과 예술 작품들을 살펴보는 일, 또는 그들의 마음을 사로잡은 아름다운 여성을 위해 정교하게 제작된 보석을 고르는 일 정도였다.[1]

그 아이들의 마음속은 애굽의 상류사회 중에서도 뛰어난 지위에 오르겠다는 꿈으로 가득 차 있었습니다. 내가 그 아이들에게 할아버지를 만나러 가는 데 함께 가자고 했을 때, 그들은 왜 그래야 하는지 이해할 수 없었을 것입니다. 그들은 지금 시대의 여느 십대 소년들과 마찬가지로 과거에 대한 향수가 아니라 현재의 환경에만 관심을 두고 있었습니다. 하지만 그들은 내게 순종을 잘

---

**1** Jack Finegan, *Light from the Ancient Past*, vol. I, 91.

하는 편이었습니다. 그래서 아이들은 나와 함께 아버지가 누워 계신 집을 찾아갔습니다. 내가 연로한 아버지의 얼굴을 보기 위해 침실에 들어갔을 때, 아이들은 문 밖에서 얌전히 기다렸습니다.

아버지는 힘들게 일어나서 나를 맞이했습니다. 그리고는 속삭이듯이 말을 꺼냈습니다. 아버지는 몹시 연로한 상태라서 목소리에 힘이 하나도 없었습니다. 그렇지만 내 팔을 붙들고 말을 이어갔습니다. "요셉아, 전능하신 하나님께서 가나안 땅 루스에서 내게 나타나셔서 내게 큰 복을 허락하셨단다. 그리고 '내가 너로 생육하게 하며 번성하게 하여 네게서 많은 백성이 나게 하고 내가 이 땅을 네 후손에게 주어 영원한 기업이 되게 하리라'고 약속해 주셨단다"(창 48:3, 4).

아버지가 늘 하시던 이 말씀은 내 어린 시절을 기억나게 했습니다. 아버지는 어린 나를 무릎에 안고서 이 말씀을 자주 들려주곤 했습니다. 그리고 하나님께서 우리 증조할아버지인 아브라함을 갈대아 우르에서 불러내신 후에 유업으로 주실 땅으로 가라고 명령하신 이야기도 거의 매일 밤마다 들려주었습니다. 그 이야기를 할 때마다 아버지는 웃으며 이렇게 말했습니다. "할아버지는 어디로 갈 것인지, 혹은 어떻게 그 곳에 당도할 것인지 전혀 알지도 못한 채 떠나셨단다. 하지만 할아버지는 하나님을 믿었고, 그분께 순종하셨지"(창 12:1~9). 그리고 어떤 날에는 할아버지인 이삭의 모험 이야기를 들려주시기도 했는데, 하나님께서 할아버지에게 기근을 피해서 애굽으로 내려가지 말라고 경고하신 이야기도 있었습니다. 할아버지와 마찬가지로 아버지도 하나님의 음성을 들었고, 하늘의 별과 같이 후손이 많아지게 될 것이며, 그 후손들이 가나안 땅을 차지할 것이라는 약속을 믿었습니다(창 26:1~6).

그래서 아버지가 침상에 누워서 지금 이 말을 다시 하는 것이 내게는 너무나 친숙하게 들렸습니다. 하나님께서 아버지에게 약속하신 것은 아버지의 삶의 주축을 이루고 있는 역사입니다. 큰아버지 에서를 피해 달아나다가 벧엘 들판에서 홀로 밤을 지새워야 했을 때, 하나님께서 아버지에게 나타나셔서 "내가 너와 네 후손에게 네가 누워 있는 땅을 주리라"고 약속해 주셨습니다(창 28:10~22). 그리고 디나 누나의 문제로 엄청난 살육이 자행된 후에도 하나님께서 두 번째로 벧엘에 나타나셔서 아버지에게 똑같은 약속의 말씀을 해주셨습니다. 그리고 아버지의 이름을 '교묘한 책략가'라는 뜻의 야곱에서 '하나님과 겨루어 이기었다'는 뜻을 가진 이스라엘로 바꾸어주신 것을 재확인해 주셨습니다(창 35:11~13).

인간적으로 볼 때, 하나님께서 가나안 땅에 대해 주신 약속은 별 의미가 없는 휴지조각에 불과해 보였습니다. 게다가 가나안에서 기근을 피해 애굽으로 피난한 70명의 부랑자와 같은 이들이 어떻게 강성한 민족을 이룰 수 있겠습니까? 지금 죽음을 앞두고 있는 아버지가 가나안 땅에서 자신의 권리를 주장할 수 있는 땅이라고는 막벨라 산지에 있는 굴 하나뿐입니다(창 49:50). 가족 무덤으로 사용된 곳이죠. 상황이 그런데도 죽음을 앞에 둔 상태에 있는 아버지는 제게 가나안 땅에 대한 약속을 상기시켜 주었습니다. "모든 애굽인들이 네게 무릎을 꿇는다 할지라도 우리 자손들의 운명은 가나안 땅에 있다. 하나님께서 우리 가족에게 주신 땅은 애굽이 아니라 가나안 땅이다." 아버지는 하나님의 집인 벧엘에서 받은 꿈을 한시도 잊은 적이 없었습니다. 그 꿈은 그의 아들들과 손자들 역시 결코 잊어서는 안 되는 것이었습니다.

### 양자

그 다음에 아버지가 하신 말씀은 저를 놀라게 했습니다. "내가 이 곳 애굽에 오기 전에 네가 낳은 두 아들 에브라임과 므낫세는 이제 내 아들로 삼겠다. 르우벤이나 시므온처럼 내 아들로 삼겠단 말이다"(창 48:5). 저는 믿을 수 없었습니다. 관습에 의하면 장자에게 두 배의 상속권이 주어졌습니다. 그렇기 때문에 아버지가 에브라임과 므낫세를 '양자'로 삼겠다고 하신 것은 내게 장자의 지위를 주겠다는 뜻이었습니다. 아버지는 이 두 아들에게만 양자의 권리가 상속될 것이라는 점을 분명히 했습니다. 내가 다른 아들을 가진다 하더라도 그들에게는 이 특권이 적용되지 않으며, 두 아들의 후손으로서의 지위를 갖게 될 것이라고 말했습니다. 그런데 이상한 점이 한 가지 있었습니다. 아버지가 아이들 이름을 말할 때, 둘째 아들인 에브라임을 먼저 말하는 것이 아니겠습니까? 나는 아버지가 둘째 아들을 먼저 거론하는 이유를 속으로 추측해보았습니다. 아버지가 아이들의 서열도 기억하지 못하실 정도로 쇠약해진 것일까요? 그런데 아버지가 갑자기 베들레헴에서 돌아가신 어머니에 대한 이야기를 꺼냈습니다. 나는 아버지가 정말 이상해진 것이라고 확신했죠.

우리는 신앙의 선조들의 말에 끝까지 귀를 기울이지 않는 경향이 있습니다. 몇 마디 듣고는 성급하게 귀를 닫아버리곤 하죠. 그리고 앞뒤가 맞지 않는 뒤죽박죽인 이야기라고 조급하게 판단해 버립니다. 하지만 나중에, 그 이야기들을 주의 깊게 회상해보았을 때, 나는 아버지의 놀라운 통찰력을 깨닫게 되었습니다. 아버지가 정말 사랑했던 아내인 어머니는 두 아들을 남기고 돌아가셨습니다. 이제 아버지의 죽음의 순간이 임박해서는, 그 사랑했던 아내의 아들이 아버지에게 다시 두 명의 아들을 안겨주게 된 것입니다.[2] 아버지는 그런 의도로 나의 두 아들을 양자로 삼으신 것

---

2 Sailhamer, *Genesis, The Expositor's Bible Commentary*, 271.

이었습니다. 아버지는 어머니가 돌아가신 후에 하나님께서 약속해주신 땅의 기업을 양자가 된 두 아들에게 줌으로써 그런 의도를 확실하게 밝히셨습니다(창 35:11, 12).

할아버지 이삭과 마찬가지로 나이가 들면서 아버지의 눈은 어두워졌습니다. 아버지가 방 안을 둘러보다가 18살과 19살 된 나의 두 아들이 조용히 기다리고 있는 것을 보았습니다. 아마 희미한 형체만 볼 수 있었을 겁니다. 나는 이 두 아이들이 바로 므낫세와 에브라임이라고 말씀드렸고, 아버지는 즉시 가까이 다가오라고 말했습니다. 아버지가 두 손자를 껴안고 입맞추었을 때, 오랜 세월 동안 슬픔에 잠겨 희미해진 아버지의 두 눈에서 기쁨에 찬 빛이 흘러나오는 것을 보았습니다. 아버지는 다시 나를 바라보시더니 이렇게 말씀하셨다. "내가 너를 다시 보게 될 줄은 정말 몰랐다. 그런데 하나님께서는 네 손자까지도 보게 하셨구나."

나는 두 아들에게 할아버지 곁으로 다가오라고 손짓을 보냈습니다. 그리고 므낫세를 아버지의 오른편으로, 에브라임을 아버지의 왼편으로 인도한 뒤, 그 자리에 무릎 꿇고 앉도록 했습니다. 우리의 문화적 관습에 의하면 오른손이 권능과 탁월함, 그리고 권위를 상징했기 때문에 장자가 오른쪽을 차지하는 것이 마땅했습니다(출 15:6; 시 17:7; 사 41:10). 그런데 아버지가 손을 어긋맞게 해서 오른손을 에브라임의 머리 위에 두었을 때 나는 정말 당황했습니다. 나는 너무나 당혹스러웠지만 아버지가 관례를 깨고 하신 것이었기 때문에 방해하거나 바꿀 수 없었습니다. 아버지는 이미 축복을 하기 시작했습니다.

"내 조부 아브라함과 아버지 이삭의 섬기던 하나님, 나의 남으로부터 지금까지 나를 기르신 하나님, 나를 모든 환난에서 건지신 사자께서 이 아이에게 복을 주시오며 이들로 내 이름과 내 조부 아브라함과 아버지 이삭의 이름으로 칭하게 하시오며 이들로 세상에서 번식되게 하시기를 원하나이다"(창 48:15,16). 이 순간은 아버지가 내 아들들을 하나님의 손길에 맡기는 신성한 시간이었습니다. 아버지를 평생 돌보셨던 하나님의 손길, 아브라함과 이삭 할아버지에게 주셨던 거룩한 약속이 내 아들들 위에 임하는 순간이었습니다. 하지만 제 모든 생각은 다른 곳에 집중되어 있었습니다. 온 회중들의 마음을 파고드는 목사의 신령한 음성에는 아랑곳하지 않고 오직 목사가 매고 있는 화려한 넥타이 같은 것만을 판단하고 있는 교인처럼 말입니다. 나는 아버지의 말이 끊어지는 순간만을 참고 기다렸습니다. 결국 아버지가 잠시 숨을 돌리기 위해 말을 멈추자, 나는 에브라임의 머리 위에 있는 아버지의 오른손을 므낫세의 머리 위에 옮겨 놓았습니다. 그렇게 하고 나니 내 마음이 좀 편해졌습니다. 하지만 아버지는 다시 손을 바꾸시고는 이렇게 말했습니다.

"나도 안다, 내 아들아. 내가 어떻게 하고 있는지 나도 알고 있단다. 장자인 므낫세도 큰 민족을 이룰 것이다. 하지만 그 동생이 더 크게 될 거란다. 그 후손이 여러 민족을 이루게 될 것이다"(창 48:19, 20). 나는 아버지의 경우를 떠올렸습니다. 아버지와 큰아버지는 쌍둥이였는데, 태어나기도 전에 할아버지와 할머니는 그들의 운명을 알게 되었습니다. 바로 형이 동생을 섬기게 될 것이라는 사실이었죠(창 25:23). 그럼에도 불구하고 할아버지는 큰아들에게 축복해서 하나님의 뜻을 조정하려고 했는데, 바로 내가 그렇게 행동한 것입니다. 나는 '신실하고 순종적인' 아들이었지만, 하나님을 일반적인 정당함과 원칙의 테두리 속에, '당연하다고 생각되는(expected) 순리' 속에 가두어두려고 했던 것입니다.

하나님께서는 저를 보디발에게 인정을 받게 하셨고, 게다가 감옥에 있을 때도 지켜주셨습니다. 더 나아가 저를 바로의 궁궐로 불러들여 애굽을 기근에서 구하게 하셨고, 우리 가족의 생명까지 구할 수 있게 하셨습니다. 그리고 내 아들들을 이스라엘 민족의 기초석 가운데 하나가 될 수 있는 복을 허락하셨습니다. 누가 더 큰 은총을 받느냐 하는 문제도 전적으로 그분의 주권적인 권한에 있는 것이지, 일반적인 장자의 권리에 좌우되는 것이 아니었습니다.

후에 모세에 의해서 이러한 하나님의 주권적인 선택권이 다시 한 번 선포되었습니다. "나는 은혜 줄 자에게 은혜를 주고 긍휼히 여길 자에게 긍휼을 베푸느니라"(출 33:19). 신약시대의 사도 바울도 어떤 특정한 행위에 대한 보상으로서가 아니라 오직 하나님의 자비로운 은혜로 구원이 주어진다는 진리를 현란한 문체로 설명한 적이 있습니다. "그런즉 원하는 자로 말미암음도 아니요 달음박질하는 자로 말미암음도 아니요 오직 긍휼히 여기시는 하나님으로 말미암음이니라"(롬 9:16).

나는 그분의 뜻에 굴복하고 조용히 기도했습니다. "주님, 나의 교만함, 내 도덕적인 판단대로 되기를 바라는 자기 의를 용서해 주십시오."

아버지가 소유하고 있던 가나안의 세겜 근처의 땅 가운데 일부를 내게 주시겠다고 약속했을 때, 나는 기뻤습니다. 세상에서 가장 강력한 나라를 다스리고 있었음에도 불구하고 말입니다. 아버지는 자신이 손수 얻은 땅의 일부를 내게 남겨주는 것을 정말 귀하게 여겼습니다. 나도 내가 받은 유산 가운데 그것이야말로 정말 크고 위대한 유산임을 알았습니다.

여호수아서와 같은 역사서나 호세아서와 같은 예언서를 읽어보면 내 아들들의 후손들에 관한 이야기를 볼 수 있습니다. 그 곳에는 에브라임이 므낫세보다 더 강력한 지파로 등장하고 있습니다. 유다의 이름이 남쪽 왕국의 대표격으로 사용된 반면, 북쪽 연합 세력 전체는 에브라임으로 지칭되곤 했습니다. 연로한 이스라엘

(야곱)이 죽음을 앞두고서 애굽에서 성장한 두 손자에게 축복하는 것이 별 의미 없는 것처럼 보일지 모르겠지만, 전체 역사를 봤을 때 그것이야말로 가장 큰 유산이며 값을 매길 수 없이 소중한 선물임을 발견할 수 있습니다(수 16~17장; 호 11:8, 9; 14:8).

## 오늘을 위한 적용

가정마저 붕괴되고 있는 시대에 살고 있는 우리는 확실한 약속에 근거를 둔 가족의 전통을 회복하거나 새롭게 세워나가야 한다. 할아버지와 할머니들은 함께 머리를 맞대고 손자들에게 가족의 역사를 말해주어야 한다. 이것은 우리 각 개인의 가족사가 가치 있는 이야기라는 사실을 암시해주는 것이다. 여러 조각들이 한데 모여 있는 콜라주처럼, 우리의 가족사에는 기념일, 졸업식, 방학, 위기, 결혼식, 탄생, 죽음 등이 한데 어우러져 있는 인생이라는 종이들이 뒤섞여 있다. 우리는 야곱처럼 자녀들에게 약속을 주어야 하는데, 과연 가족의 역사 가운데 어떤 사건 속에서 그 약속을 찾을 수 있을까?

부모님의 50번째 결혼기념일이 다가오고 있었다. 우리 가족은 그날 같이 모여서 부모님의 결혼 50주년을 축하하기로 했다. 브라질의 상 파울로에 사는 큰누나도 오기로 했다. 그런데 안타깝게도 그날이 되기 전에 어머니가 돌아가시고 말았다. 기념일 파티는 취소되었지만, 우리는 가족 모임을 그대로 갖기로 했다. 온 가족이 한 집에 모이자 집안이 가득 찼다. 일주일 동안 우리는 신나게 놀기도 하고, 하이킹도 하고, 노래도 부르고, 서로 이야기도 나누었다. 저녁 식사 후에는 매일 예배를 드렸는데, 각 식구별로 돌아가며 예배를 인도했다.

  목요일 밤에 우리 식구의 순서가 돌아왔다. 나는 가족들을 둘러보았다. 큰누나 메리 앤과 매형은 브라질 선교사였다. 큰형인 돈은 음악을 통해 하나님의 진리를 전하는 사역을 하고 있었다. 둘째 누나인 베스티는 미션스쿨에서 아이들을 가르치고 있었고, 동생 론은 헌신된 크리스천 실업가였다. 우리는 뉴욕, 텍사스, 미시간, 그리고 남아메리카에 흩어져 살고 있었다. 과연 그런 우리를 한데 엮어주고 있는 것은 무엇일까? 우리가 어떤 축복의 약속을 받은 것이 있는가? 이에 대한 답은 아버지와 어머니가 십대였을 때까지 거슬러 올라가 찾아야 한다.

  아버지는 공처가 할아버지와 줄담배를 즐기는 할머니 밑에서 자랐다. 할아버지는 '빌리 선데이' 같은 복음주의자를 욕하는 사람이었고, 할머니는 일요일 오후에 10살 된 아들을 데리고 코니아일랜드로 나들이 가서 맥주를 마시게 했던 사람이었다. 하지만 아버지가 18살이 되었을 때 체험했던 은혜의 순간이 우리 가족의 역사를 완전히 뒤바꿔놓았다.


 아버지가 속해 있는 내셔널 가드 갈보리 부대가 여름 훈련을 하고 있을 때였다. 아버지의 가까운 친구 중 한 사람인 조지 쉴링은 여름이 되기 전부터 일과 후에 사람들을 선동해왔었다. 그러던 어느 날 저녁, 조지가 술에 잔뜩 취한 상태에서 부대장을 찾아가 그 얼굴에 침을 뱉고 결판을 내겠다고 말했다. 그의 친구들은 그를 진정시키고, 부대장의 막사에만 침을 뱉고 말도록 설득했다. 그렇게 해서 군법회의에 회부되는 일을 막을 수 있었다.
 그런데 그 이듬해 여름, 그가 요한복음서를 사람들에게 나누어 주면서 자신이 어떻게 '구원'을 받았는지 소개하기 시작했다. 모든 부대원이 그 모습을 보고 놀라지 않을 수 없었다.
 조지는 아버지에게 먼저 복음서를 건네주었지만, 아버지는 그것을 받자마자 찢어버렸다. 하지만 열렬한 신자가 된 친구의 끈질긴 설득에 결국 두 손을 들고 말았다. 그들이 훈련 캠프를 떠나 뉴욕으로 돌아온 뒤에도 조지는 쉬지 않고 아버지에게 복음을 증거했다.
 어느 날 저녁, 그는 아버지에게 자신이 참석하는 YMCA 모임에 와서 트롬본 연주를 해달라고 부탁했다. 아버지는 자신의 레퍼토리 중에서 감미로운 댄스곡을 준비해서 모임에 참석했다.
 브라워 목사는 그날 밤 조나단 에드워드의 유명한 설교, '진노하신 하나님의 손 안에 있는 죄인들'에 필적할 만한 메시지를 전하려고 애썼다. 하지만 아버지는 화를 내면서 설교 도중에 밖으로 나가버렸다.

다음 날 아침 일찍, 조지가 아버지에게 전화를 걸어서 '불바다' 설교에 대해 사과를 했다. 그러자 아버지가 대답했다. "조지, 자네는 내 말을 믿지 못할 걸세. 나는 지난 밤에 화가 나서 잠도 제대로 자지 못했네. 하지만 결국 난 그 설교자가 진리를 말하고 있다는 것을 알게 되었네. 그래서 나는 침대에서 무릎을 꿇고 예수님께 나의 죄를 용서해달라고 울부짖을 수밖에 없었네."

1년 후에 아버지의 약혼자였던 어머니도 퍼시 크러포드 모임에서 마음 문을 열고 그리스도를 영접했다. 아버지와 어머니의 인생 가운데 이 두 순간이 바로 우리 가족의 역사를 뒤바꿔놓은 순간이었다. 부모님이 십대 시절에 그리스도를 영접했기 때문에 나는 예수님과 복음을 가장 소중하게 여기는 가정에서 태어나 성장할 수 있었다. 부모님은 우리에게 자신들이 어떻게 주님을 만났는지, 그리고 우리가 어떻게 예수님의 약속을 따라 생활해야 하는지 자주 말씀해주셨다.

50년이 지난 지금, 우리 가족 모두는 영적으로 단단하게 결합되어 있다. 부모님의 결단이 있었기에 어머니가 돌아가신 사실을 접한 뒤에도 우리 가족의 결속은 끊어지지 않았다. 우리는 모두

다 하늘나라에서 온 가족이 다시 해우하게 될 날과 영원히 함께 살 날을 손꼽아 기다리고 있다.

예수님은 약속된 메시아시며 위대한 구원자이시다. 그리고 이 세상의 유일한 통치자이시다. 그분은 고난 받으시는 종이시며, 우리가 받아 마땅할 형벌을 대신 지고 우리 대신 죽으신 분이다. 그분은 부활하신 구주시며, 지금도 하늘 아버지의 보좌 우편에 앉아 세상을 통치하고 계신 분이다. 그분은 "주님의 뜻이 하늘에서 이루어진 것처럼 이 땅에서도 이루어지이다"라는 기도에 영원한 응답을 주시기 위해 이 땅에 다시 오실 분이다. 이것은 우리 자녀들과 손자, 손녀들에게만 전해주어야 할 약속이 아니라, 모든 사람들에게 전해줄 가치가 있는 약속이다. 이러한 약속에는 그 어느 누구도, 심지어 요셉과 같은 권세를 지닌 사람이라 할지라도 예외가 있을 수 없다. 예수님의 용서를 받기에 합당치 않은 자라고 스스로 겸비하는 사람과 예수 그리스도의 자비로운 은총을 의지하는 사람들은 누구나 다 하나님의 권속이 될 수 있다. 하나님 아버지는 그 아들을 영접하는 사람들에게 오른손을 내밀어 축복하실 것이다.

"영접하는 자 곧 그 이름을 믿는 자들에게는 하나님의 자녀가 되는 권세를 주셨으니"(요 1:12). 이것이 모두 진실임을 우리는 어떻게 확신할 수 있는가? 에브라임이 가장 큰 족속이 될 것이라는 야곱의 약속이 역사적 사실이 된 것을 보고 알 수 있다. 역사적으로 에브라임은 북왕국 가운데 가장 번성한 지파가 되었다.

오늘날 세계에 흩어져 있는 수백만 유대인들의 존재는 구약에서 아브라함의 자손에게 하신 하나님의 약속이 단지 고대 역사에만 제한되는 것이 아님을 증명하고 있다. 야곱이 손자들에게 하신 약속을 보증하신 바로 그 하나님께서 예수님이 우리에게 하신 약속도 보증해주신다. 믿음은 수백만의 유대인들이 지금 세계 곳곳에 흩어져 있는 것을 보고, 야곱의 예언을 성취하신 하나님을 찬양한다. 또한 믿음은 보이지 않는 미래를 미리 바라보고, 우리가 장차 그리스도 안에서 수많은 하늘의 천군 천사들과 함께 "할렐루야 주 우리 하나님 곧 전능하신 이가 통치하시도다!"(계 19:6)라고 노래할 것이라는 약속을 믿는다.

# 12

# 아버지의 약속

"그리고 살진 송아지를
끌어다가 잡으라 우리가 먹고
즐기자 이 내 아들은
죽었다가 다시 살아났으며
내가 잃었다가 다시 얻었노라 하니
저희가 즐거워하더라."
(눅 15장 23~24절)

**하나님께서는** 자신의 존재를 믿고 자신을 힘써 찾는 사람들에게 상을 주신다(히 11:6). 사랑하는 아들 요셉은 애굽의 총리대신으로 발탁되었고, 그의 아들들은 장자가 받는 갑절의 축복을 받았다. 그리고 그 후손들은 가나안 땅과 자손의 번성에 대한 약속을 받았다. 그렇게 해서 사랑하는 아들 요셉은 큰 보상을 받았다.

하지만 정말 탁월한 인물이었던 요셉도 하늘 아버지의 사랑은 노력으로 얻을 수 있는 것이 아니며, 그분의 약속도 마찬가지로 어떤 헌신과 봉사에 대한 보상이 아니라는 사실을 기억해야 했다. 비록 그가 항상 옳은 행동만을 했고, 친아버지를 실망시킨 적이 한 번도 없을 정도로 바른 인물이었다고 해도 말이다. 야곱이 에브라임과 므낫세를 축복할 때, 요셉은 어긋놓은 야곱의 손을 바꾸려고 하지 말라는 말을 들었다. 요셉에게는 축복의 약속에 대한 권한이 전혀 없다는 의미였다. 그것을 통해 하나님의 주권적인 선택이 명백히 드러나게 되었다.

이제 눈을 돌려 탕자, 즉 아버지의 집을 멀리 떠났던 사람을 살펴보자. '유다'와 같은 사람이 돼지 우리에서 아버지의 집으로 돌아올 때, 하나님에게서 무엇을 기대할 수 있을까? 아버지가 따뜻하게 맞아준 이후에, 집으로 돌아왔을 당시의 환영 분위기가 점차 사라지고 아버지의 집에서 다시 새로운 삶을 시작할 때, 탕자는 정말로 아버지에게서 무엇을 기대할 수 있을까?

유다는 젊었을 때 하나님께서 요셉에게 주신 꿈 이야기를 듣고 하나님께서 자신을 버리셨다고 확신했다. 그렇지만 40년이 지난 후에 유다는 죽어가는 야곱의 침상에서 하나님의 은혜로운 약속의 진정한 의미를 듣게 되었다. 그것은 탕자들까지도 모두 즐거워할 수 있는 하나님의 자유로운 선택에 대한 것이었다.

마지막 장면은 야곱의 열두 아들이 병들어 누워 있는 아버지의 침상 곁에 둘러 서 있는 장면이다. 야곱이 그들에게 유언을 남기고 있다. 이 유언은 그들의 과거와 미래의 문제를 담고 있다. 우리는 창세기 49장에 기록된 이 유언을 주의 깊게 살펴보아야 한다. 왜냐하면 모호한 이름과 수수께끼, 그리고 시적인 예언으로 가득 찬 이 예언이 우리의 미래에 대해서도 언급하는 바가 있기 때문이다.

## 열두 지파의 운명

아버지는 우리 열두 아들들을 침상 곁으로 불렀습니다. "다들 이리 오너라. 후일에 당할 일을 내가 너희에게 말해주겠다." 그때 나는 아버지가 그저 일상적인 이야기를 하기 위한 것이 아님을 알았습니다. 만일 당신의 아버지가 튜브를 꽂고 심전계를 연결한 상태에서 걱정스러운 표정으로 당신을 가까이 불러서 "얘야, 네게 말하고 싶은 것이 있다"라고 말한다면, 당신도 같은 느낌이 들 것입니다.

예상대로 아버지는 유언을 남기셨습니다. 축복과 저주와 예언이 한데 어우러진 그 유언은 아버지가 우리에게 전해준 마지막 말이었습니다. 그래서 우리는 한 마디도 놓치지 않으려고 집중해서 들었습니다. 아버지는 "너희는 이리 와서 내 말을 들어라. 야곱의 아들들아. 너희 아비 이스라엘이 하는 말을 들어라"라는 말로 유언을 시작하셨는데, 그 말은 **기대하지 못했던**(unexpected) 자신의 삶의 변화, 즉 젊은 사기꾼 야곱에서 하나님의 성숙한 사람 이스라엘로 변화된 **은혜**를 우리에게 확인시켜 주었습니다(창 49:2). 아버지는 영혼 깊은 곳에서부터 하나님의 축복과 그분과의 친밀한 교제를 간절히 원했기 때문에 하나님의 은혜로 새 이름을 부여 받고 하나님의 자녀가 된 것입니다.

아버지는 먼저 첫째 아들에게 말했습니다.

"르우벤아 너는 내 장자요 나의 능력이요 나의 기력의 시작이라 위광이 초등하고 권능이 탁월하도다마는…."

이 말에는 아버지가 첫 아들을 품에 안았을 때 마음이 얼마나 뿌듯했었는지 잘 드러나 있습니다. 하지만 또 다른 기억이 그 뿌듯한 아버지의 마음을 산산이 부수어버리고 말았습니다.

"…물의 끓음 같았은즉 너는 탁월치 못하리니 네가 아비의 침상에 올라 더럽혔음이로다 그가 내 침상에 올랐었도다"(창 49:3, 4).

죽음을 앞에 둔 사람은 진실을 숨기지 않는 법입니다. 결국 땅 속에 깊이 묻혀버릴 뻔했던 진실이 드러나고 만 것입니다. 작은 어머니 라헬이 세상을 떠났을 때 아버지는 크게 낙담했습니다. 그 애도의 기간 중에 작은 어머니의 여종이자 아버지의 첩이었던 빌하가 르우벤 형의 눈에 들어왔습니다. 결국 형은 그녀와 잠자리를 같이 하고 말았습니다.

　아버지는 당시에 그들의 부도덕한 행위를 모두 알았지만 아무 말씀도 하지 않았습니다. 그래서 우리 중에 그 일을 알고 있는 사람은 아무도 없었습니다. 그런데 아버지의 죽음을 앞에 둔 시점에서 우리는 르우벤 형이 이제껏 착한 행동과 고상한 말로 자신의 부도덕한 행동을 감추려고 애썼다는 사실을 알게 되었습니다. 결국 일시적인 충동으로 저지른 근친상간의 죄, 그리고 아버지 앞에서 자신의 잘못을 고백하지 않은 죄로 인해 르우벤 형은 장자의 권리를 잃고 만 것입니다.

　선택은 정말 중요한 것입니다. 비록 철없는 젊은 시절에 한 선택이라 하더라도 말입니다. 그 영향력이 평생 지속되기 때문입니다. 자신의 정욕 하나 제대로 다루지 못하는 사람은 다른 사람을 다스릴 수 없습니다. 르우벤 형은 우리 가족의 지도자가 될 권리를 잃어버렸습니다. 역사를 살펴보더라도 르우벤 지파에서 기드온, 솔로몬, 이사야와 같은 뛰어난 지도자가 한 명도 나오지 않았음을 알 수 있습니다.[1] 르우벤 형의 후손들은 요단 동편에 살고 있던 모압 족속과 섞여 살게 되었습니다. 실현되지 못한 **기대(expectation)** – 기대감에 부푼 출발, 잘못된 선택, 비극적인 종말 – 이것이 바로 첫째 형이 남긴 슬픈 유산이었습니다.

---

**1** Jacob, 330.

삶이 끝날 때, 우리는 자신에 대해 진실하지 않은 것 때문에 영원한 축복은 물론 이 세상에서의 특권도 잃어버릴 수 있습니다. 메시아이신 예수님은 성경의 마지막 부분에서 이렇게 말씀하셨습니다. "개들과 술객들과 행음자들과 살인자들과 우상 숭배자들과 및 거짓말을 좋아하며 지어내는 자마다 성 밖에 있으리라"(계 22:15).

예수님은 거짓과 가식을 아주 싫어하십니다. 그분의 죽음은 우리의 모든 도덕적인 죄까지도 깨끗이 씻어버릴 수 있을 정도로 능력이 있지만, 우리가 우리 자신마저 속이면서 죄를 숨긴 채 선하게 보이려고 위선적인 행동을 한다면, 그에 합당한 대가를 치르게 됩니다. 예수 그리스도의 죽음이 율법의 요구를 다 채우고 우리의 죄책을 깨끗이 씻어주심에도 불구하고, '진실하지 못한 자들'은 심판자인 하나님의 아들과 인격적으로 만나길 거부하고, 하나님의 용서를 구하기 위해 자신들이 저지른 죄를 정직하게 고백하기를 거절합니다. 이것은 정말 안타까운 비극이 아닐 수 없습니다. 이러한 거짓말쟁이들은 아버지의 사랑에서 영원히 추방될 것입니다(요일 1:9).

아버지는 다음으로 우리 형제들 중에서 가장 성미가 급한 시므온, 레위 형에 대한 예언을 했습니다.

"시므온과 레위는 형제요 그들의 칼은 잔해하는 기계로다[2]

내 혼아 그들의 모의에 상관하지 말지어다 내 영광아 그들의 집회에 참예하지 말지어다 그들이 그 분노대로 사람을 죽이고 그 혈기대로 소의 발목 힘줄을 끊었음이로다

그 노염이 혹독하니 저주를 받을 것이요 분기가 맹렬하니 저주를 받을 것이라

내가 그들을 야곱 중에서 나누며 이스라엘 중에서 흩으리로다"
(창 49:5~7).

아버지는 나이가 들면서 근래에 일어난 일은 잘 기억하지 못했지만, 오래 전에 벌어졌던 일은 아직도 아주 또렷하게 기억하고 있었습니다. 우리 가족이 저지른 또 다른 추악한 사건을 설명할 때는 우리 모두 놀라지 않을 수 없었습니다.

디나 누이와 세겜 족속에 관한 사건을 기억하십니까? 시므온과 레위 형이 디나 누이의 사건으로 분노한 것은 당연했지만, 하나님의 심판에 맡기지 않은 것이 잘못이었습니다. 대신 형들은 세겜 족속들을 움직이지 못하게 하려고 할례 의식을 이용했습니다. 그것은 하나님께서 정하신 신성한 의식을 모독하는 것이었습니다. 게다가 현상금 사냥꾼처럼 세겜 성 안에 있는 사람들 모두를 사정없이 도륙했습니다. 르우벤 형의 경우와 마찬가지로, 시므온

2 Ross, 702.

과 레위 형도 젊었을 때 했던 이런 잘못된 선택 때문에 축복이 사라져버리고 말았습니다.

그들이 지닌 사악한 기질을 통제할 수 있는 유일한 방법은 그들을 서로 떼어놓는 것뿐이었습니다. 그래서 여호수아가 약속의 땅을 분배할 때, 시므온 형의 후손들은 유다 지파 가운데 섞여서 흩어져 살게 되었습니다(수 19:1~9). 아버지의 유언이 그대로 이루어졌죠. 레위 형의 후손들 역시 자신의 분노를 정의를 이루는 데 쏟아 부은 한 열정적인 제사장을 제외하고는 비슷한 운명에 처하게 되었습니다.

시므온 지파 사람들의 성적인 욕망이 한 레위인의 의분으로 인해 종지부를 찍게 된 사건을 주일학교에서 배웠을 것입니다. 이스라엘이 약속의 땅을 앞에 두고 요단강을 건너기 바로 직전, 싯딤에 진을 치고 있을 때의 일이었습니다. 모압 왕 발락이 발람 선지자를 고용해서 자신들의 적, 이스라엘을 저주하라고 꾀었지만 결국 실패하고 말았습니다. 하지만 발락은 발람이 제안한 교묘한 수법으로 이스라엘 사람들을 유혹했습니다. 모압 여자들을 시켜서 이스라엘 남자들의 욕망을 자극한 것이죠. 결국 하나님의 백성들은 모압 여자들의 유혹에 빠져서 모압 족속의 부도덕한 행위와 우상숭배에 빠지고 말았습니다. 그들은 바알 브올의 신들 앞에서 음행을 저질렀습니다. 이스라엘의 참된 왕이신 하나님께서는 첫 번째 계명을 범한 이 죄악에 대하여 즉시 보응하셨습니다. 죄를 지은 이스라엘 사람들이 염병으로 죽기 시작했습니다.

그래서 모든 사람들이 통곡하고 있는데, 그때 시므온 지파의 족장 아들인 시므리가 미디안 족장의 딸 고스비를 데리고 장막으로 들어가는 것이 아니겠습니까! 이것을 본 비느하스는 의분을 감추지 못했습니다. 결국 이 레위 족속 제사장은 손에 창을 들고 장막으로 들어가 그 두 사람의 배를 단번에 꿰뚫어서 그들의 혐오스럽고 음란한 종교의식에 대해 엄하게 응징했습니다. 비느하스의 이런 민첩한 행동으로 인해 염병이 이스라엘 가운데 그치게 되었고, 많은 사람들이 목숨을 구할 수 있었습니다. 그리고 비느하스는 그의 후손들이 이스라엘 중에서 영원히 제사장직을 행하리라는 하나님의 약속을 받게 되었습니다. 그가 속한 레위 지파는 이스라엘의 지파 가운데 흩어져 살았지만, 그의 지파를 사라지게 하려는 목적에서가 아니라 하나님의 법을 널리 퍼뜨리기 위한 것이었습니다.

네 번째 아들인 내 차례가 되었습니다. 아버지의 유언을 기다리는 동안 내 가슴 속에는 내가 저질렀던 과거의 끔찍한 죄가 떠올랐습니다. 요셉을 향한 증오심 때문에 17살밖에 안 된 그 어린 동생을 이스마엘 사람들에게 팔아버렸던 기억이 되살아났습니다. 나는 울부짖으며 괴로워하는 아버지 앞에 피 묻은 동생의 옷을 내놓았었죠. 그리고 슬픔으로 가득 찬 모습으로 가장한 채 살아왔습니다. 그리고 악한 행위로 인해 하나님의 심판을 받은 두 아들의 무덤 앞에 서 있는 내 모습도 떠올랐습니다.

또한 홀아비의 불타오르는 정욕을 해소하기 위해 아내를 잃은 슬픔에도 불구하고 창녀를 찾아서 쾌락을 즐겼던 일도 생각났습니다. 그런데도 나는 '나보다 더 의로웠던' 다말을 부도덕하다는 이유로 죽여버리려고 했던 위선적인 모습을 보이기도 했습니다.

그 모든 기억들이 떠오르자 나는 부끄러움과 수치심으로 제대로 서 있을 수조차 없었습니다. 이미 르우벤, 시므온, 레위 형들이 모두 자신들의 죄과에 대한 심판을 받았습니다. 나에게는 어떤 선언이 떨어질까요? 내가 형들보다 더하면 더했지 결코 덜하지는 않을 거라고 확신했기 때문에 나는 두려웠습니다. 그런 생각들에 빠져 괴로워하고 있을 때, 아버지가 "유다야!"라고 부르셨습니다. 아버지는 나를 향한 유언의 말씀을 시작하셨습니다. 그런데 그 말씀이 나를 단숨에 사로잡아버렸습니다. 도저히 믿을 수 없는 말씀이었기 때문이었습니다. 정말 조금도 **'기대치 못했던 은혜'**(Unexpected Grace)였습니다!

> 유다야 너는 네 형제의 찬송이 될지라
> 네 손이 네 원수의 목을 잡을 것이요
> 네 아비의 아들들이 네 앞에 절하리로다(창 49:8).

나는 아버지의 기력이 너무 쇠해서 정신이 나간 것이 아닌지 의심했습니다. 정신이 오락가락해서 레아의 네 번째 아들이었던 나의 이름을 부르고 난 뒤에 곧바로 아버지가 평생 사랑했던 라헬의 아들에게로 넘어간 것 같았습니다. 나는 아버지가 "요셉아, 너는 네 형제의 찬송이 될지라 네 아비의 아들들이 네 앞에 절하리로다"라고 말씀하실 것으로 예상했었습니다. 아니, 그렇게 말씀하실 것을 조금도 의심치 않았습니다. 그렇게 말씀하셔야 형제들 가운데 첫째 자리를 차지할 것이라는 요셉의 어릴 적 꿈, 즉 내가 시기심 때문에 증오하고 싹을 잘라버리려고 애썼던 그 꿈을 재확인시켜 주는 것이라고 생각했습니다. 그렇지 않습니까? 결국 어른이 되어서 애굽의 총리가 된 요셉 앞에 절함으로써 나도 모르는 사이에 그 꿈이 이루어지게 만들지 않았습니까?

죽음을 앞두고 아버지가 나를 형제들 가운데 지도자로 인정하신 말씀은 분명한 실수처럼 보였습니다. 하지만 아니었습니다. 그 말씀은 분명히 나를 두고 하신 말씀이었습니다. 아버지는 내 이름을 부르면서 계속 말씀하셨습니다.

**유다는 사자 새끼로다**
**내 아들아 너는 움킨 것을 찢고 올라갔도다**
**그의 엎드리고 웅크림이 수사자 같고 암사자 같으니**
**누가 그를 범할 수 있으랴(창 49:9).**

바벨론에서 멤피스에 이르는 고대 근동 전역에서 사자는 원수들에 대한 왕권과 강한 권력을 상징하는 데 사용되는 동물입니다. 나는 당시 탁월한 지도력 때문에 이스라엘에서 큰 승리를 이끌었고, 적들로부터 존경과 두려움의 대상이었습니다. 그래도 나는 아버지가 형제들 가운데 지도자의 자리를 나에게 주고 있는 이 현실을 납득할 수 없었습니다. 어쨌든 아버지의 유언을 통해 나는 내 자손이 다른 형제들의 자손들을 이끌 것이고 큰 승리를 얻을 것임을 조금은 깨달을 수 있었습니다. 하지만 아버지가 그 말씀을 하셨을 때, 그 예언의 완전한 의미는 파악할 수 없었습니다. 수수께끼 같은 아버지의 시적인 유언은 800년 뒤에 등장하는 다윗의 왕권에까지 이어져 있었습니다. 더 나아가 영원한 평화와 번영을 가져다 줄 통치자, 궁극적인 유대인의 왕, 바로 메시아에게까지 연결된 것이었습니다.

홀이 유다를 떠나지 아니하며
치리자의 지팡이가 그 발 사이에서 떠나지 아니하시기를
실로가 오시기까지 미치리니
그에게 모든 백성이 복종하리로다(창 49:10).

이러한 말씀이 내 후손에게 적용되다니, 도저히 믿을 수 없는 일이었습니다. 그 말씀은 우리 가족들이 가장 소중하게 여기던 소망이었습니다. 인류의 시조에게까지 거슬러 올라가는 말씀이었습니다. 에덴동산에서의 비참한 사건 후에 하나님께서는 하와에게 뱀의 머리를 깨뜨릴 강한 후손이 태어날 것이라고 약속하셨습니다(창 3:15). 가인이 태어났을 때 하와는 그가 바로 약속의 아들일 것이라고 잘못 판단했습니다(창 4:1). 아벨을 죽인 사건으로 그 희망이 산산이 부서졌지만 그 꿈은 하와의 다른 아들 셋에게로 계속 이어져 갔습니다(창 4:6). 위대한 자손이 태어나 구원을 베풀 것이라는 하나님의 그 약속은 셋의 후손이자 나의 증조할아버지인 아브라함에게 전해졌고, 그 후에 할아버지인 이삭에게(창 17:19; 22:17, 18), 그리고 아버지에게까지 전해진 것입니다(창 28:14).

그런데 놀랍게도 그 약속을 이어받은 아버지가 그 약속을 내게 물려준 것입니다. 창조주 하나님께서 약속하신 궁극적인 통치자가 내 자손 가운데서 나올 것이라고 예언하고 있는 것입니다. 아담과 하와는 만물을 다스리라는 명령을 받았지만, 불순종으로 인해서 보좌에 앉지 못했습니다. 그런데 지금 하나님께서 내 후손 가운데 이 잃어버린 자리에 합당한 자가 나올 것이며, 모든 나라가 그의 통치 앞에 무릎을 꿇을 것이라고 약속하신 것입니다.

내 이름은 '여호와께서 찬양을 받으실 지어다' 라는 뜻입니다. 하지만 아버지의 축복은 형제들이 나를 칭송할 것을 말하고 있었습니다. 나는 내 이름의 뜻을 불경하게 왜곡시킨 듯한 이 축복의 말을 듣고 움찔했습니다. 오직 하나님께만 합당한 찬양을 어느 누가 받을 수 있단 말입니까? 하지만 이 수수께끼에 대한 해답이 신약성경에 있습니다. 바로 예수 그리스도입니다. 마치 아가사 크리스티의 추리소설의 절정과도 같이, 하나님께서 구약 시대에 주신 모든 암시와 단서들을 단번에 모두 해결하신 나사렛 예수 그리스도 말입니다. 그분은 유다 지파의 후손이셨습니다. 법적으로 나의 후손이라고 할 수 있죠. 그분은 다윗 가문에서 태어나셨지만, 처녀에게서 나심으로써 하나님의 독생자이심을 분명히 드러내셨습니다. 나의 후손 가운데 궁극적인 후손, 하나님의 아들이신 그분만이 하나님 아버지와 함께 찬양을 받으시기에 합당하신 분입니다. 그분이야말로 '온 세상의 통치자'라는 칭호를 받으시기에 합당한 유일하신 분입니다. 그분이 이 세상에 다시 오셔서 예루살렘에서 다스리시기 전에는 가나안 땅에, 그리고 모든 민족들 가운데 영원한 평화가 있을 수 없습니다. 그렇지만 메시아이신 예수 그리스도를 의지하고 자신의 삶을 온전히 맡긴 사람들은 이 세상에서도 평화를 누리면서 살아갑니다. 그분을 순수하고 진실하게 경배하는 사람들 사이에 화합과 평화가 있을 것입니다(요 17:20, 21).

나의 후손인 다윗 왕은 하나님의 아들에게 드리는 경의를 이렇게 표한 바 있습니다.

여호와를 경외함으로 섬기고 떨며 즐거워할지어다 그 아들에게 입맞추라 그렇지 아니하면 진노하심으로 너희가 길에서 망하리니 그 진노가 급하심이라 여호와를 의지하는 자는 다 복이 있도다(시 2:11, 12).

아버지는 유대 땅에서 포도를 수확할 때 벌이는 풍성한 잔치의 이미지를 통해서 그분의 궁극적인 통치에 순종하고 기뻐하는 축복을 묘사했습니다. 왕가의 귀족이 자신의 나귀를 좋은 포도나무에 붙들어 맵니다. 열매를 풍성하게 맺은 포도나무가 아주 많았기 때문에 나귀를 매는 기둥으로까지 사용하게 된 것입니다. 그 정도로 소출이 풍성해져서 사람들은 너도나도 기뻐하기 시작합니다.

> 그의 나귀를 포도나무에 매며
> 그 암나귀 새끼를 아름다운 포도나무에 맬 것이며
> 또 그 옷을 포도주에 빨며
> 그 복장을 포도즙에 빨리로다
> 그 눈은 포도주로 인하여 붉겠고
> 그 이는 우유로 인하여 희리로다(창 49:11, 12).

사단의 가장 가증스러운 거짓말 가운데 하나가 바로 하나님이 파티의 흥을 깨는 존재라는 것, 그리고 우리가 왕의 무도회에 초대받을 가망이 없는 탕자라는 것입니다. 하지만 하나님께서는 놀랍게도 나 유다를, 탕자와 같은 나를 선택하셔서 메시아의 탄생을 위한 중요한 부분을 담당하게 하셨습니다. 이런 진실을 염두에 둔다면 그 은혜가 얼마나 크고 놀라운지 헤아릴 수 있을 것입니다. 바로 그분께서 당신을 어린 양의 혼인잔치에 초대하셨습니다. 그 초대에 응하십시오. 정직하고 겸손하게 예수님께 나아가십시오. 당신을 기다리고 있는 것은 공식적이고 형식적인 환영인사가 아닙니다. 그분이 사랑하는 아들, 딸의 자격으로 그분과 친밀한 교제를 나눌 수 있는 영원한 보좌가 당신을 기다리고 있습니다.

## 오늘을 위한 적용

사담 후세인이 쿠웨이트를 침공한 것을 계기로 걸프 전쟁이 야기되었다. 대량학살과 잔혹행위가 벌어지는 현장을 생중계해 주자, 여론은 부시 대통령을 지지했다. 그리고 미국 시민들이 이제껏 이름도 별로 들어보지 못했고, 어디에 있는지조차 잘 알지도 못했던 한 나라가 갑자기 미국의 대외 정책의 한가운데 자리 잡게 되었다. 나는 다른 사람들처럼 TV 앞에 앉아서 이라크의 쿠웨이트 침공과 걸프 전쟁으로 인한 참상을 안타까운 마음으로 지켜보았다. 그러던 어느 날 저녁, 새로운 소식이 들려왔는데, 나는 그것을 평생 잊지 못할 것이다. "텔아비브에 공습 사이렌이 울리고 있습니다. 스커드 미사일이 이스라엘을 공격하고 있습니다."

이 무슨 해괴망측한 일이란 말인가? 이번 전쟁의 원인은 전적으로 쿠웨이트 문제였다. 수백 킬로미터나 떨어져 있는 이스라엘이 두 나라의 갈등에 무슨 관계가 있단 말인가? 객관적으로는 도저히 이해할 수도 없는 일이었고 말도 안 되는 일이었지만, 수많은 아랍 국가들은 그렇게 생각하지 않았다.

"예루살렘 성전이 있던 언덕을 지배할 권리가 누구에게 있는가?" 하는 질문은 아랍의 여러 국가들 간에 대단히 미묘한 문제이기 때문에, 이 지역의 정당한 소유자가 나타나 소유권을 주장하기까지 사람들은 계속 싸울 것이다. 전쟁을 싫어하는, 비교적 온전한 정신을 가진 사람들이 회담을 열어서 전쟁을 일삼기 좋아하는 정신 나간 사람들을 주도해 나간다면, 비교적 평화적인 분위기가 지속될 것이다. 하지만 '진정한 주인'이 나타나기까지 영원한 평화는 찾아오지 않을 것이다. 그분이 오시면 비로소 모든 나라들이 그분께 복종할 것이다.

현대의 세속주의는 이러한 성경의 예언을 쓸모없고 위험스럽기까지 한, 시대착오적이고 신화적인 발상으로 치부해버린다. 그리고 복잡한 산업사회의 문제와는 아무런 관계가 없는 것으로 여긴다. 하지만 이러한 진리를 단 한 번만이라도 진지하게 생각해본다면 세상의 정부와 지도자들이 이룰 수 있는 것이 과연 무엇인지 실제적으로 생각할 수 있을 것이다. 우리의 개인적이고 정치적이고 영적인 소망은 다시 오실 예수님 안에서 궁극적으로 누리게 될 안식이다. 그분께 온 세상 나라와 민족이 복종하고 경배해야 한다. 그분만이 홀로 영광을 받으시기에 합당한 분이시다.

# 맺음말

만일 이 시대에 요셉과 같은 사람이 있다고 한다면, 아마도 사라가 그에 딱 어울리는 사람일 것이다. 사라는 정말 완벽했다. 사라의 어머니는 사라가 태어나기 일 년 전에 그리스도를 영접했다. 그녀가 처음으로 기도를 시작할 때 얻은 아이가 바로 사라였다. 사라는 세상에 태어나서 맞이하는 첫 번째 주일부터 어머니의 팔에 안겨 교회에 출석했다. 사라는 어려서부터 교회에서 살다시피 했고, 10살 때에 세례를 받았고, 12살 때에는 평생 그리스도를 위해 헌신하는 삶을 살겠다고 서원했다. 그녀는 부모님의 자랑거리였다.

사라는 대학에서 기독교교육학을 전공했고, 신실한 남성을 만나 결혼하고, 가정에 충실한 삶을 살았다. 기독교대학에서 9년 동안 사역한 후에 그들은 보다 더 도전적인 영적 부름에 응답하게 되었다. 볼리비아의 물질, 영적 빈곤이 사라와 그녀의 남편 귀에 들려온 것이다. 그들은 그 부름에 응답했다. 그녀가 사역했던 대학에서는 그녀의 헌신을 칭송했다. 그녀가 그리스도를 위해 전적으로 충성한다는 것을 의심하는 사람은 아무도 없었고, 모두 하나님의 나라를 위해 그녀가 큰일을 이룰 것이라고 기대했다.

7년 간의 볼리비아 사역을 마칠 무렵, 사라는 자신의 사역에 대한 평가서를 작성했다. 그런데 마지막 항목을 채우려고 할 때, 마음속에 자리잡고 있던 의문이 그녀를 혼란에 빠뜨리고 말았다. '내가 그토록 힘써서 복음을 증거했는데, 어째서 그리스도를 영접한 사람이 하나도 없는가? 단 한 사람도…. 하나님께서는 왜 나를 성령의 능력의 도구로 사용하지 않으셨는가? 왜 나는 다른 사람들이 나를 어떻게 생각하는지 항상 걱정해야 했을까? 왜 나는 모든 사람들이 나를 좋아하게 만들려고 그토록 애썼는가?' 하는 의문들이었다. 사라는 하나님께 기도했다. "하나님, 제게 응답해주십시오. 항상 다른 사람들의 칭찬을 받으려고 애쓰는 마음의 짐에서 벗어날 수 있도록 도와주십시오. 하나님, 내 자신, 그리고 다른 사람들에게 진실해질 수 있는 방법을 가르쳐주십시오."

하나님께서는 그녀의 기도에 응답해주셨는데, 전혀 예기치 못했던 (unexpected) 방법으로 응답하셨다.

"사라야, 너는 간음한 여인과 같다. 네 삶 가운데 오직 네 남편만이 차지할 수 있는 자리를 도적질하고 있는 다른 남자가 있다. 너는 남편보다는 그 남자와 대화하고 교제를 나누는 것을 더 좋아하고 있다."

하나님께서는 그녀가 숨겨두었던 죄를 내보이심으로써 자기 의에 빠져 있던 그녀에게 큰 충격을 가하셨다. 하나님의 질책은 거기에서 멈추지 않았고, 더 깊은 곳까지 파고들어갔다.

"왜 너는 다른 사람들에 대해 잘 참지도 못하고, 쉽게 화를 내고, 비판적인 태도를 보이느냐? 너는 다른 사람들의 위선은 증오하면서도, 네 속에 있는 모순과 교만에 대해서는 아주 관대하구나."

사라는 그 자리에서 하나님께 용서를 구했다. 그리고 자신이 다른 남자에게 감정적으로 끌렸던 것을 남편에게 솔직하게 고백했다. 물론 그 남자와의 합당치 못한 관계도 끊어버렸다. 하나님께서 그녀의 내부에 존재했던 방어막들을 하나씩 제거해 나가자, 그녀는 자신이 육체적, 영적으로 허탈해지는 것을 느꼈다.

사라와 그 남편은 휴가 기간 동안 충분한 휴식과 회복의 시간을 가져야 했지만, 칼로 찌르는 듯한 고통이 반복해서 그녀의 위를 괴롭혔고, 참을 수 없는 두통은 그녀의 정신과 마음을 혼미하게 만들었다. 그녀가 다른 모든 사람들, 그리고 모든 일들, 심지어는 그녀의 신앙에 관한 생각들과도 좀 떨어져서 혼자 있을 수 있었다면 좋았을 것이다. 그 모든 것이 그녀를 계속 괴롭혔다. 그녀 자신이 그렇게 오랜 세월 동안 경건의 모양으로 자신을 감싸고 살아왔기 때문에, 그녀는 하나님과 친밀한 삶을 살아야 한다고 주장하는 다른 사람들도 분명 자신과 마찬가지로 가식적인 모습을 하고 있을 것이라고 여겼다. 그녀는 무엇보다도 가식과 위선을 싫어하게 되었다. 어느 누가 예수 그리스도의 분량에까지 이를 수 있단 말인가?

그녀는 온전한 삶을 살고자 하는 것은 불가능한 꿈에 불과하다고 생각하게 되었다. 모두 다 거짓일 뿐이고, 단지 심리적인 버팀목일 뿐이라고 여겼다. 겉과 속이 다르지 않은 정직한 모습을 갖기 위해 그녀는 불가지론자가 되는 것을 신중하게 고려해보았다. 하지만 어떻게 신앙을 변절하는 그런 생각을 가지고 남편과 친구들을 대할 수 있겠는가? 그녀는 더 이상 선교사로서의 직무를 감당할 수 없었다. 하지만 그녀는 내적인 갈등과 혼란 가운데 자신이 느끼고 있는 것을 남편이나 친구들에게 설명할 수 없었다. 그녀의 우울증은 더욱 깊어졌고, 회의적인 질문은 점점 더 격렬해졌다.

"혹시 이것이 중년의 위기가 아닌가? 아니면 갱년기 호르몬 변화로 인한 성격의 변화인가? 위의 통증은 볼리비아에서 발견된 신종 아메바 때문은 아닌가? 그리고 두통은 그 녀석들이 더 중요한 기관으로 침투하고 있다는 신호가 아닐까? 하나님에 대한 믿음을 버리고 나 혼자 살아갈 용기를 얻을 수 있을까? 이 세상에서 평안을 발견하는 데 있어서 불신앙의 세계가 더 적절한 답을 주지 않을까?"

인격이 분열되어가는 절박한 위기 상황 속에서 사라는 갈라디아서를 공부하는 성경공부 모임에 참석하기 시작했다. 하지만 그 모임에서 공부한 내용들이 그녀의 상태를 더 악화시켰다. 갈라디아서 1장에서 바울은 사람들에게 인정받기 위해 애쓰는 사람들을 심하게 질책하고 있었다(갈 1:10). 그것은 사라가 이제껏 삶의 기본적인 동기로 삼았던 것에 대한 비난이었다. 그리고 2장에서는 도덕적 신조나 종교적인 의식을 빠짐없이 지켜 행함으로써 하나님 아버지의 인정과 사랑을 얻으려고 하는 시도가 무익한 것임을 밝히고 있다(갈 2:15, 16). 이 말씀은 사라를 화나게 만들었다. 그녀는 어렸을 때부터 교회에 착실하게 출석함으로써 자신이 아주 훌륭한 그리스도인임을 하나님께 증명해보이지 않았던가? 볼리비아에서 가난과 희생의 삶을 살았던 것은 또 무엇이란 말인가? 외국에 나가 선교사로 활동했던 것이 하나님 앞에 인정받을 만한 일이 정말 아니란 말인가? 사라는 분노가 치밀어 올랐다. 하나님께서는 얼마 전에 그녀의 영혼의 모든 위선을 완전히 드러내 놓으셨다. 그런데 이제는 그녀의 희생적인 사역과 노력마저도 다 무익한 것으로 치부해 버리셨던 것이다. 사라는 심한 증오심에 빠져버렸다. 그리스도인들을 미워하고, 자신을 증오하기 시작했다. 그리고 하나님마저도 증오의 대상으로 삼았다.

다음 주간에 그녀에게 갈라디아서 2장 20절을 암송하는 일이 주어졌다. 그녀는 비웃듯 코웃음을 쳤다. 그 구절은 주일학교에 다닐 때부터 암송하고 있던 기본적인 구절이었다. 그래도 그녀는 차를 몰고 교회로 가면서 다시 한 번 확인해보기로 했다. 그녀는 큰 소리로 그 구절을 되뇌기 시작했다. "내가 그리스도와 함께 십자가에 못 박혔나니…."
그때 하나님께서 온화한 음성으로 그녀에게 말씀하셨다. "사라야, 네가 혐오하는 모습, 즉 위선적이고, 자기중심적이고, 우울의 늪에 빠진 모습이 바로 너의 진짜 모습이란다. 하지만 그 모습을 없애버릴 수 있는 방법이 있다. 바로 십자가에 못박아버리는 것이다!" 하나님께서는 그녀의 영적인 가식을 벌거벗기셨지만, 동시에 그녀가 독생자 예수 그리스도로 옷 입기를 바라는 자신의 간절한 열망을 드러내셨다. 그녀는 그 말씀을 계속 되새겨보았다. 그러다가 갑자기 생명을 주는 메시지가 그 안에 담겨 있음을 깨달았다. "그런즉 이제는 옛날의 나 사라가 사는 것이 아니요, 오직 내 안에 그리스도께서 사신 것이다. 이제 내가 육체 가운데 사는 것은 나를 사랑하사 나를 위하여 자기 몸을 버리신 하나님의 아들을 믿는 믿음 안에서 사는 것이다." 마침내 사라는 복음이 참으로 '복된 소식'이라는 것을 믿기 시작했다.

그때까지 그녀는 어렸을 때부터 믿었던 십자가와 부활의 은혜를 직접 체험한 적이 한 번도 없었다. 그래서 그녀는 영원한 보호막을 치기 위해서 하나님을 위해 일하는 데 헌신하려고 애썼던 것이다. 그래야 갈보리의 희생에 대한 빚을 갚을 수 있다고 생각했던 것이다. 처음으로 사라는 하나님의 무조건적인 사랑 속에서 마음이 편안해지는 느낌을 받았다. 하나님께서 그녀의 반항심, 정신적인 혼란, 복통, 두통을 모두 가라앉혀 주셨다. 그녀는 자신의 내면이 새롭게 변했음을 느꼈다. 그리고 하나님의 권속으로 인정받고, 또 사랑을 받고 있다는 느낌을 감출 수 없었다.

요셉과 같은 사람이 가장 어려워하는 것은 바로 자신도 유다처럼 하나님의 은혜와 용서가 절실히 필요한 탕자임을 마음속 깊이 인정하고 받아들이는 것이다. 우리가 선교사이건 인생의 낙오자들이건 간에 자신에게 정직해야 하며, **기대치 못한(unexpected) 하나님의 은혜**에 마음을 활짝 열어두어야 한다. 탕자의 비유에서 잔치 자리에 참석하지 않은 사람이 한 명 있었는데, 바로 탕자의 형이었다. 그는 아버지의 사랑에서도 멀어져 있었다. 그는 자기 의와 교만에 사로잡혀 있어서 자신의 마음속에 강렬한 악의가 자리 잡고 있음을 인정하지 않았다.

우리의 삶 전반에 걸쳐 수많은 소리가 우리를 부르고, 여러 가지 꿈들이 손짓하고, 많은 프로그램들이 우리에게 구원을 약속할 것이다. 하지만 성경에 나타난 하나님의 계시에 귀를 기울일 때만 우리는 이 세상과 우리 자신에 대한 진리를 똑바로 볼 수 있다. 인간의 교만함은 죄를 덮어버리고, 자신들이 만든 세상과 개인의 구원에 대한 웅대한 계획을 세우려는 경향이 있다. 삶이 불공평하게 느껴지더라도 하나님을 원망하지 않는 요셉과 같은 사람만이, 그리고 자신이 저지른 죄를 솔직하게 인정하고 메시아의 약속 앞에 돌아오는 유다와 같은 사람만이 인간의 오만함을 떨쳐버리고, 아버지와 함께 잔치에 참여하게 될 것이다.

이 세상을 구원하실 하나님의 독생자이신 예수 그리스도께서는 세상에서 가장 불공평한 삶을 경험하셨다. 시기와 교만과 사리사욕에 사로잡힌 악한 인간들은 이 땅에 오신 그분을 십자가에 못박아버리는 엄청난 일을 저질렀다. 하지만, 요셉과 유다의 이야기에서처럼, 하나님께서는 교활하고 악한 그들의 책략을 구속의 드라마로 바꾸어 놓으셨다. 우주의 심판자께서 사탄의 궤계를 뒤집어 엎으셨다. 하나님께서는 자신의 독생자를 향한 살인적인 폭력을 어떤 죄에 대한 형벌도 상쇄시킬 수 있는 산 제물로 변화시키셨다. 그리스도께서 이 땅에 오셨을 때 우리를 대신해서 죄 값을 치르셨다는 사실을 확신함으로써 우리는 그리스도의 재림을 준비해야만 한다. 우리는 이 은혜를 받을 자격이 전혀 없다. 하지만 감히 **기대할 수조차 없는(unexpected) 이 은혜**가 우리에게 충만하게 임할 것이다. 그리고 그 은혜가 우리 죄를 용서하고, 삶의 의미를 부여해줄 것이다. 번창할 때나 어려울 때나 관계없이 언제든지 말이다.

"당신들은 나를 해하려 하였으나 하나님은 그것을 선으로 바꾸사 오늘과 같이 만민의 생명을 구원하게 하시려 하셨나니"(창 50:20).

| 참 고 문 헌 |

### I. 애굽의 역사와 배경

Baines, John and Malek, Jaromir. *Atlas of Ancient Egypt*. Oxford: Phaidon, 1980.

Finegan, Jack. *Light form the Ancient Past*, Vol. I. Princeton: Princeton, 1959.

Hallo, William W. and Simpson, William Kelly. *The Ancient Near East*. New York: Harcourt Brace Jovanovich, 1971.

Steindorff, George and Seele, Keith C. *When Egypt Ruled The East*. Chicago: University of Chicago, 1957.

Wilson, John. *The Culture of Ancient Egypt*. Chicago: University of Chicago, 1951.

### II. 창세기 주석

Brueggemann, Walter. *Genesis Interpretation*. Atlanta: John Knox, 1982.

Jacob, B. *The First Book of the Bible Genesis*. Translated and edited by Ernest I. Jacob and Walter Jacob. New York: KTAV, 1974.

Keil, C. F. *The First Book of Moses, Commentary on the Old Testament*, Vol. I. Grand Rapids: Eerdmans, 1971.

Ross, Allan P. *Creation and Blessing*. Grand Rapids: Baker, 1988.

Sailhamer, John H. *Genesis, The Expositor's Bible Commentary*, Vol. 2. Grand Rapids: Zondervan, 1990.

Skinner, John. *Genesis*. Edinburgh: T&T Clark, 1980.

Von Rad, Gerhard. *Genesis*. Philadelphia: Westminster, 1961.

Westermann, Claus, *Genesis*. Grand Rapids: Eerdmans, 1987.

책번호 /가 1099

# 기대치 못한 은혜

발행소 ● 나 침 반 출 판 사
NACHIMVAN PUBLISHING CO.
(등록 1980년 3월 18일 / 제 2-32호)
편집 겸 발행인 ● 김　　용　　호

| 초판발행시 선교사역의 동참자들 |
|---|
| 김은희 • 김종민 • 박동환 • 양진선 • 오찬규<br>이계복 • 이부국 • 이수정 • 이은실 • 임지희<br>최은희 • 최현규 (가,나,다…순) |

### 연락처

· 우편/ 110-616 서울 광화문 사서함 1641호
　　　K.P.O. BOX 1641, SEOUL, 110-616, KOREA
· 인터넷　www.nabook.net
· 이메일　navan@chollian.net
· 우체국대체구좌 / 010041-31-1201888
· 은행지로번호 / 각은행 99번 창구 3000366번
· 전화　/ 본사사무용(02)2279-6321~3
　　　　 서점주문용(02)2606-6012~4
· 팩스　/ 본사사무용(02)2275-6003
　　　　 서점주문용(02)2606-6016

지은이 / 데이빗 위어첸
옮긴이 / 박 동 환

제 1 판 발행 / 2003년 6월

나침반 웹사이트 / www.nabook.net
값은 뒷표지에 있습니다. • PRINTED IN KOREA

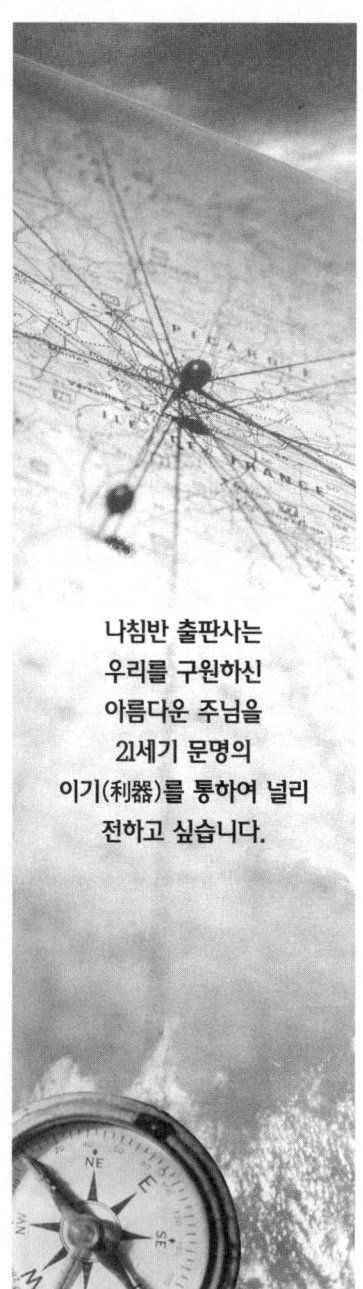

나침반 출판사는
우리를 구원하신
아름다운 주님을
21세기 문명의
이기(利器)를 통하여 널리
전하고 싶습니다.

ISBN 89-318-1305-8

그 안에 있으면
우리는 모두
행복합니다